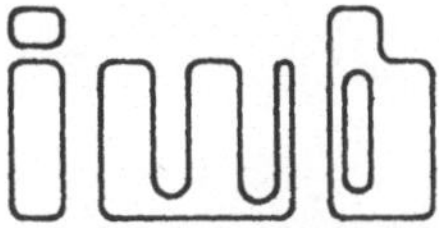

# Forschungsberichte · Band 71

## Berichte aus dem Institut für Werkzeugmaschinen und Betriebswissenschaften der Technischen Universität München

### Herausgeber: Prof. Dr.-Ing. J. Milberg

# Wolfgang Amann

# Eine Simulationsumgebung für Planung und Betrieb von Produktionssystemen

Mit 50 Abbildungen

Springer-Verlag Berlin Heidelberg GmbH 1994

Dipl.-Ing. Wolfgang Amann
Institut für Werkzeugmaschinen und Betriebswissenschaften (iwb), München


Prof. Dr.-Ing. J. Milberg
o. Professor an der Technischen Universität München
Institut für Werkzeugmaschinen und Betriebswissenschaften (iwb), München


D 91


ISBN 978-3-540-57924-3     ISBN 978-3-662-06846-5 (eBook)
DOI 10.1007/978-3-662-06846-5



Gesamtherstellung: Hieronymus Buchreproduktions GmbH, München.
SPIN: 10468462        62/3020-543210

# Geleitwort des Herausgebers

Die Verbesserung der Fertigungsmaschinen, der Fertigungsverfahren und der Fertigungsorganisation im Hinblick auf die Steigerung der Produktivität und die Verringerung der Fertigungskosten ist eine ständige Aufgabe der Produktionstechnik. Die Situation in der Produktionstechnik ist durch abnehmende Fertigungslosgrößen und zunehmende Personalkosten sowie durch eine unzureichende Nutzung der Produktionsanlagen geprägt. Neben den Forderungen nach einer Verbesserung von Mengenleistung und Arbeitsgenauigkeit gewinnt die Steigerung der Flexibilität von Fertigungsmaschinen und Fertigungsabläufen immer mehr an Bedeutung. In zunehmendem Maße werden Programme, Einrichtungen und Anlagen für rechnergestützte und flexibel automatisierte Produktionsabläufe entwickelt.

Ziel der Forschungsarbeiten am Institut für Werkzeugmaschinen und Betriebswissenschaften der Technischen Universität München (iwb) ist die weitere Verbesserung der Fertigungsmittel und Fertigungsverfahren im Hinblick auf eine Optimierung der Arbeitsgenauigkeit und Mengenleistung der Fertigungssysteme. Dabei stehen Fragen der anforderungsgerechten Maschinenauslegung sowie der optimalen Prozeßführung im Vordergrund. Ein weiterer Schwerpunkt ist die Entwicklung fortgeschrittener Produktionsstrukturen und die Erarbeitung von Konzepten für die Automatisierung des Auftragsdurchlaufs. Das Ziel ist eine Integration der technischen Auftragsabwicklung von der Konstruktion bis zur Montage.

Die im Rahmen dieser Buchreihe erscheinenden Bände stammen thematisch aus den Forschungsbereichen des iwb: Fertigungsverfahren, Werkzeugmaschinen, Fertigungs- und Montageautomatisierung, Betriebsplanung sowie Steuerungstechnik und Informationsverarbeitung. In ihnen werden neue Ergebnisse und Erkenntnisse aus der praxisnahen Forschung des iwb veröffentlicht. Diese Buchreihe soll dazu beitragen, den Wissenstransfer zwischen dem Hochschulbereich und dem Anwender in der Praxis zu verbessern.

*Joachim Milberg*

# Vorwort

Die vorliegende Dissertation entstand während meiner Tätigkeit als wissenschaftlicher Mitarbeiter am Institut für Werkzeugmaschinen und Betriebswissenschaften (iwb) der Technischen Universität München.

Mein besonderer Dank gilt Herrn Professor Dr.-Ing. J. Milberg, dem Leiter des Instituts, für seine wohlwollende Förderung und die großzügige Unterstützung sowie für die wertvollen Hinweise zu dieser Arbeit.

Herrn Professor Dr.-Ing. K. Feldmann, dem Leiter des Lehrstuhls für Fertigungsautomatisierung und Produktionssystematik der Universität Erlangen-Nürnberg, danke ich für die Übernahme des Koreferats und die kritische Durchsicht der Arbeit.

Darüber hinaus möchte ich allen Mitarbeitern des Instituts sowie allen Studenten, die mich bei der Erstellung der Arbeit unterstützt haben, meinen herzlichen Dank aussprechen.

München, im März 1993          Wolfgang Amann

# Inhaltsverzeichnis

# 1 Einleitung und Zielsetzung

## 1.1 Aktuelle Ausgangssituation

In den vergangenen Jahren haben sich die Wettbewerbsbedingungen für Unternehmen auf den meisten Märkten grundlegend verändert. Als eine wesentliche Veränderung ist vor allem der Übergang vom Mengenwachstum zum Variantenwachstum zu nennen. Im Zusammenhang damit steht eine zunehmende Innovationsdynamik. Die Zahl und Geschwindigkeit tatsächlicher oder auch nur vermeintlicher Innovationen nimmt zu, die Vermarktungsdauer eines Produktes nimmt ab. Diese Entwicklung macht es notwendig, die Unternehmen von der alleinigen Zielrichtung "Kosten sparen" auf das Ziel "Zeit und Kosten sparen" auszurichten. Produkte müssen bei verbessertem Qualitätsniveau zukünftig schneller entwickelt und produziert werden /MILB91-1/.

Um diesem Trend aus produktionstechnischer Sicht Rechnung zu tragen, kommt es zu einer zunehmenden Automatisierung, Flexibilisierung und Rechnerdurchdringung von Produktionssystemen. Daraus resultiert eine zunehmende Komplexität der Produktionssysteme. Der rasanten Entwicklung in der Produktionstechnik und den damit verbundenen erhöhten Anforderungen an die Planung derartig komplexer Systeme steht jedoch bisher kein vergleichbarer Fortschritt bei der Entwicklung von Planungsmethoden und -hilfsmitteln gegenüber. Die Produktionssysteme von morgen werden mit den Hilfsmitteln von gestern geplant. Die Folge davon ist, daß neue Produktionssysteme aufgrund von Planungsfehlern die in sie gesteckten Erwartungen oft erst nach einer langen Inbetriebnahmephase und erheblichen Zusatzinvestitionen erfüllen. Als besonders problematisch erweist sich die Entwicklung und Inbetriebnahme der benötigen Steuersoftware. Da die Inbetriebnahme oft die erste Gelegenheit darstellt, bei der das Zusammenspiel der einzelnen Module der Steuerungen mit der Produktionsanlage getestet werden kann, kommt es häufig zu erheblichen Zusatzaufwendungen. Im Gegensatz dazu fehlen gerade in diesem Bereich adäquate Planungshilfsmittel. Aufgrund des steigenden Ko-

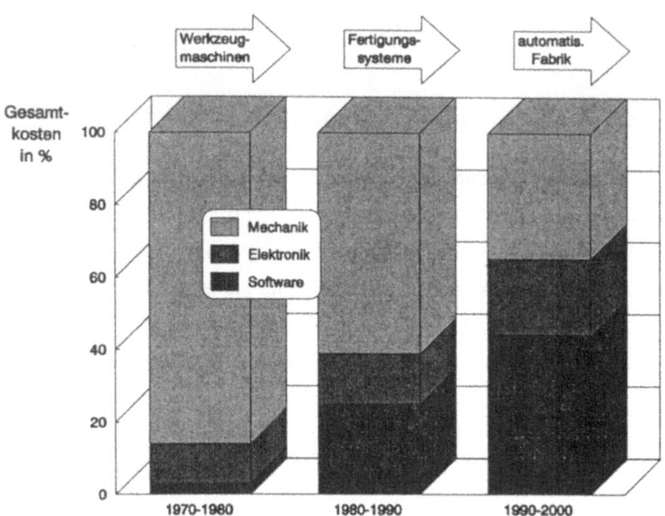


*Bild 1-1:   Entwicklung des Anteils der Softwarekosten /KOHE90/*

stenanteils von Software (Bild 1-1) an den Gesamtkosten ist hier dringender Handlungsbedarf gegeben.

Eine wesentliche Verbesserung der aktuellen Situation kann durch eine Erhöhung der Planungsqualität erzielt werden. Gelingt es gleichzeitig die für die Planung benötigte Zeit zu verkürzen, kann ein weiterer Wettbewerbsvorteil gewonnen werden. Um das Ziel "besser und schneller planen" zu erreichen, sind organisatorische Maßnahmen, die eine simultane Entwicklung von Produkten, Prozessen und Produktionsmitteln ermöglichen, bei gleichzeitigem Einsatz moderner rechnergestützter Planungshilfsmittel erforderlich. Wesentliche Voraussetzung für den Erfolg beider Maßnahmen ist die durchgängig modellgestützte, datentechnisch integrierte Planung auf der Basis von einheitlichen Planungsgrunddaten. Damit erfolgt der Übergang vom Einsatz einzelner Planungshilfsmittel zur Planung innerhalb einer Fabrikplanungsumgebung, in der individuelle Hilfsmittel über ein Fabrikmodell miteinander gekoppelt sind. Nach Dangelmaier /DANG92/ kann dadurch erreicht werden, daß die Inbetriebnahmephase wesentlich reduziert wird.

Ein Hilfsmittel, dem wachsende Bedeutung im Bereich der Planung und des Betriebs von Produktionssystemen zukommt, stellt die Simulation dar /FELD90, EVER92, BRAC92/. Simulationsmodelle auf unterschiedlichen Abstraktionsniveaus können während aller Lebensphasen eines Produktionssystems als Entscheidungshilfsmittel eingesetzt werden, um Maßnahmen vor ihrer Umsetzung am realen System auf ihre Auswirkungen zu untersuchen. Entgegen den vielfältigen Einsatzmöglichkeiten beschränkt sich der Einsatz der Simulation derzeit weitgehend auf die Planung von Materialflußsystemen. Die Ursachen dafür sind zum einen darin zu suchen, daß die Potentiale der Simulation im Bereich der Produktionstechnik erst in jüngster Zeit voll erkannt wurden. Zum anderen ist der mit der Durchführung einer Simulationsuntersuchung verbundene Aufwand für die Aufbereitung der benötigten Daten und die Modellerstellung noch sehr hoch. Einmal erstellte Modelle können meist nur für die Klärung einer bestimmten Fragestellung eingesetzt werden. Um den umfassenden Einsatz der Simulation wirtschaftlich zu rechtfertigen, muß es gelingen, diesen Aufwand zu reduzieren.

## 1.2 Ziel der Arbeit

Das Ziel der vorliegenden Arbeit besteht in der Entwicklung eines Simulationswerkzeuges, das über geeignete Schnittstellen in eine Fabrikplanungsumgebung integriert werden kann. Außerdem sollen die mit Hilfe des Simulationswerkzeugs aufgebauten Modelle über die konventionellen Anwendungen im Bereich der Anlagenplanung hinausgehend für die Entwicklung und den Test der benötigten Steuersoftware eingesetzt werden können. Für einen weitergehenden Einsatz während des Betriebs des geplanten Systems sollen die notwendigen Voraussetzungen geschaffen werden. Durch diese Maßnahmen, insbesondere der Möglichkeit der Wiederverwendung einmal entworfener Simulationsmodelle während aller Lebensphasen eines Produktionssystems, die mit existierenden Simulationswerkzeugen nicht möglich ist, wird einerseits ein wesentlicher Beitrag zu der geforderte Aufwandsreduzierung geleistet. Andererseits wird durch den durchgängigen Einsatz der Simulation die Planungsqualität erhöht, die Inbetriebnahmezeit verkürzt und der Betrieb komplexer Produktionssysteme unterstützt.

Im ersten Kapitel wird mit der Klärung grundlegender Begriffe die Ausgangsbasis für die vorliegende Arbeit geschaffen. Danach werden die Einsatzgebiete der Simulation im Bereich der Planung und des Betriebs von Produktionssystemen aufgezeigt. Der Schwerpunkt liegt in diesem Zusammenhang auf der Betrachtung der Einsatzmöglichkeiten der Ablaufsimulation. Besondere Beachtung wird dabei der Frage geschenkt, wie die Ablaufsimulation einen Beitrag zur Verbesserung der Situation bei der Entwicklung und Inbetriebnahme von Steuersoftware leisten kann. Basierend auf dieser Analyse der Einsatzmöglichkeiten der Ablaufsimulation soll ein Anforderungsprofil an ein Simulationswerkzeug erarbeitet werden, das sich für die aufgezeigten, unterschiedlichen Aufgabenstellungen eignet. Das erarbeitete Anforderungsprofil wird im nächsten Schritt in ein Konzept für ein geeignetes Simulationswerkzeug umgesetzt. Zuvor wird die Fabrikplanungsumgebung vorgestellt, in die das Simulationswerkzeug integriert werden soll. Im Rahmen der Konzeptphase soll diskutiert werden, durch welche Modellierungsmethode die angestrebte Wiederverwendung von Simulationsmodellen für unterschiedliche Aufgabenstellungen sichergestellt wird. Basierend auf einer Systemanalyse von Produktionssystemen wird mit Hilfe der ausgewählten Methode eine geeignete Modellierung vorgenommen. Nach der Auswahl einer Entwicklungsumgebung, die eine objektorientierte Programmierung erlaubt, erfolgt die Umsetzung des erarbeiteten Konzepts. An einem Beispiel wird abschließend der Einsatz der entwickelten Simulationsumgebung aufgezeigt. Dabei soll insbesondere gezeigt werden, daß mit der entwickelten Simulationsumgebung die Wiederverwendung einmal erstellter Simulationsmodelle für unterschiedliche Aufgabenstellungen möglich ist.

# 2 Modellierung und Simulation von Systemen

Die vorliegende Arbeit beschäftigt sich mit der Simulation von Produktionssystemen. Voraussetzung für die Simulation von Systemen ist ein geeignetes Modell, das die problemrelevanten Eigenschaften des Systems abbildet. Für die Erstellung derartiger Modelle stellt die Systemtechnik geeignete Methoden zur Verfügung. Im folgenden sollen deshalb die wichtigsten Grundlagen und Begriffe aus den Gebieten Systemtechnik, Modellierung und Simulation erläutert werden.

## 2.1 Grundlagen der Systemtechnik

Moderne technische Produktionseinrichtungen sind keine einfachen Systeme, die von einem Menschen technisch und logisch als Ganzes begreifbar und damit handhabbar sind /LIND70/. Die Komplexität ergibt sich daraus, daß:

- die Systeme eine Vielzahl an Elementen enthalten, die sich gegenseitig beeinflußen,
- die Systeme formal nicht immer vollständig beschrieben werden können.

Um die Beherrschung technisch aufwendiger Systeme trotzdem sicherzustellen, bietet sich der Einsatz von Methoden der Systemtechnik an. Diese stellt eine Menge von Denkmodellen, Arbeitsmethoden und Organisationsformen bereit, die sich auf die Planung, die Gestaltung und den Betrieb komplexer technischer Systeme in ökotechnischen und soziotechnischen Zusammenhängen beziehen /ROPO75/. Ein Grundanliegen der Systemtechnik ist, aus einem sehr allgemeinen, abstrakten Systembegriff Methoden abzuleiten, die in den verschiedenen Gebieten von Wissenschaft und Technik angewandt werden können.

Nach Patzak /PATZ82/ versteht man unter einem System eine Menge von Komponenten, welche Eigenschaften besitzen und welche durch Beziehungen

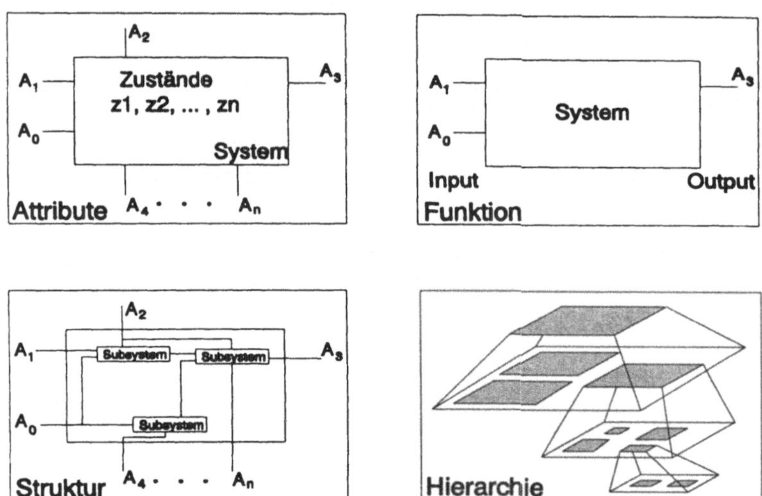



*Bild 2-1:   Beschreibungselemente der Systemtheorie /nach ROPO75/*

miteinander zur Verfolgung gesetzter Ziele verknüpft sind. Nach dieser Definition kann ein System sowohl ein Ausschnitt aus der realen Welt, aber auch ein abstraktes Vorhaben, wie z.B. eine Planungsaufgabe sein. Für die Beschreibung von Systemen stellt die Systemtheorie vier Beschreibungselemente zur Verfügung: Attribute, Funktion, Struktur und Hierarchie (Bild 2-1).

Mit Attributen können Ein- und Ausgangsgrößen sowie Zustände eines Systems beschrieben werden. Das System legt die Beziehung zwischen den Attributen fest. Faßt man bestimmte Attribute als Eingangs- und andere als Ausgangsgrößen auf, realisiert das System eine Funktion. Ein System setzt sich aus einzelnen Subsystemen zusammen, zwischen denen bestimmte Relationen bestehen und die durch Systemgrenzen von der Umgebung getrennt sind. Die Menge aller Relationen zwischen den Subsystemen wird als Struktur des Systems bezeichnet. Jedes Subsystem bildet ein eigenständiges System und kann selbst wieder Subsysteme enthalten. Der Aufbau eines Systems wird auf unterschiedlichen Betrachtungsebenen in Form einer Systemhierarchie dargestellt.

## 2.2 Modellierung von Systemen

Das Ergebnis der Beschreibung problemrelevanter Eigenschaften eines Systems mit Hilfe der Methoden der Systemtheorie ist ein Modell. Wie Minsky /MINS65/ jedoch schon feststellte: "is a model not just a model, it is a model which can answer certain questions about a certain object for a certain questioner". Von ein und demselben System können eine Vielzahl von Modellen erstellt werden.

Man unterscheidet gegenständliche, sprachliche, graphische und formale Modelle /ROPO75/. Für eine rechnergestützte Bearbeitung eignen sich nur formale Modelle, die sich einer mathematischen Darstellungsweise bedienen, oder graphische Modelle, die sich formalisieren lassen. Einige fundamentale Unterscheidungskriterien für formale Modelle von Produktionssystemen sind in Bild 2-2 aufgeführt. Dabei sollen nur Modelle betrachtet werden, welche

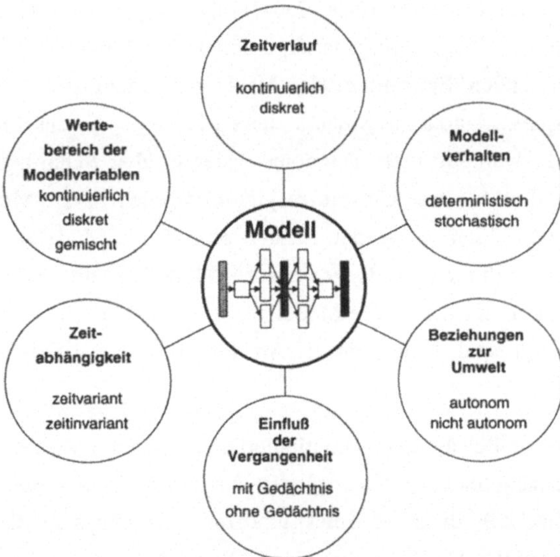


*Bild 2-2: Fundamentale Unterscheidungskriterien für formale Modelle*

auch die dynamischen Zusammenhänge in Produktionssystemen berücksichtigen.

Eines der wichtigsten Unterscheidungskriterien bezieht sich auf die Abbildung der Zeit im Modell. Grundsätzlich wird zwischen Modellen mit kontinuierlichem oder diskretem Zeitverlauf unterschieden. Ein weiteres Unterscheidungsmerkmal stellt der Wertebereich der im Modell verwendeten Modellvariablen dar, der diskret oder kontinuierlich sein kann. Es ist auch möglich, daß in einem Modell Variablen beider Wertebereiche gleichzeitig vorkommen. Realisiert das modellierte System eine Funktion, so sind bestimmte Modellvariable Ausgangssignale, deren Wert von den Modellvariablen, die die Eingangssignale darstellen, abhängen. Reagiert ein Modell auf bestimmte Eingangssignalkombinationen unabhängig von der bereits verstrichenen Zeit, wird es als zeitinvariantes Modell bezeichnet. Sind dagegen diese Reaktionen zeitabhängig, so wird das Modell als zeitvariant bezeichnet. Des weiteren kann differenziert werden zwischen Modellen mit und ohne "Gedächtnis". Die Ausgangssignale von Modellen ohne Gedächtnis hängen nur von der aktuellen Konstellation der Eingangssignale ab, während bei Modellen mit Gedächtnis (z.B. integrierenden Elementen) der bisherige Verlauf der Eingangsgrößen eine Rolle spielt. Autonome Modelle stehen in keiner Wechselbeziehung mit ihrer Umwelt, während nicht autonome Modelle über Schnittstellen auf Zustandsänderungen in ihrer Umwelt reagieren. Werden in der Modellbeschreibung Zufallsvariablen verwendet, handelt es sich um Modelle mit stochastischem Modellverhalten im Gegensatz zu Modellen mit deterministischem Modellverhalten, bei denen alle Modellvariablen wohl definiert sind. Welches Modell benötigt wird, hängt von der Art der auftretenden Fragestellungen ab (vgl. Kapitel 3.2).

Für die formale Beschreibung kontinuierlicher Modelle werden Differential- oder Differenzengleichungen verwendet. Für die formale Beschreibung diskreter Systeme, z.B. diskreter Stückgutprozesse, eignen sich diese Beschreibungsformen nicht. Das Verhalten dieser Systeme beruht auf einer seriellen und/oder parallelen Abfolge diskreter Ereignisse, etwa der Ankunft eines Auftrages vor einer Kostenstelle. Solche Systeme werden als DEDS, Discrete

Event Dynamic Systems, bezeichnet. Abhängig davon, welche Aspekte des zu untersuchenden Systems den Schwerpunkt bei der Modellierung bilden, muß eine geeignete formale Beschreibungsmethode ausgewählt werden. Für DEDS existieren eine Vielzahl möglicher Beschreibungsformen, beispielhaft seien hier Markow-Ketten, Petri-Netze /ZUSE80/, Warteschlangenmodelle, Diskrete Ereignismodelle /ZEIG85/ und der von Ho und Cassandras in /HO83/ gemachte Modellierungsvorschlag genannt.

Da eine analytische Lösung der aufgestellten Gleichungssysteme meist nicht oder nur unter der Annahme von starken Vereinfachungen für Systeme geringer Ordnung möglich ist, bietet sich der Einsatz der Simulation an.


## 2.3 Grundbegriffe der Simulation

Das Wort "simulieren" kommt vom lateinischen "simulare", was soviel wie "nachahmen, heucheln, vortäuschen" bedeutet. Im allgemeinen Sprachgebrauch wird der Begriff bis heute in diesem negativen Sinne verwendet. Die moderne Bedeutung des Begriffes "Simulation" im Bereich der Natur- und Ingenieurwissenschaften geht auf die Monte-Carlo-Methode zurück, die Ende der vierziger Jahre entwickelt wurde. Sie ist eine mathematische Methode, mit der komplexe Probleme, deren Lösung analytisch zu aufwendig und bei denen experimentelle Untersuchung nicht durchführbar sind, an abstrakten Modellen untersucht werden können.

Die Richtlinie 3633 des Vereins Deutscher Ingenieure definiert den Begriff Simulation folgendermaßen:


"Simulation ist die Nachbildung eines dynamischen Systems in einem Modell, um zu Erkenntnissen zu gelangen, die auf die Wirklichkeit übertragbar sind".


Unter Simulation versteht man demnach ein Verfahren, mit dessen Hilfe das Verhalten eines realen (bereits realisierten oder in Zukunft zu realisierenden) dynamischen Systems untersucht werden kann. Zeigler /ZEIG85/ unterscheidet im Zusammenhang mit der Simulation zwischen den fünf Grundelementen

- reales System (real system),

- Experimentrahmen (experimental frame),

- Grundmodell (base model),

- vereinfachtes Modell (lumped model),

- Rechner und Simulator.

In Bild 2-3 sind die Zusammenhänge zwischen den fünf Grundelementen der

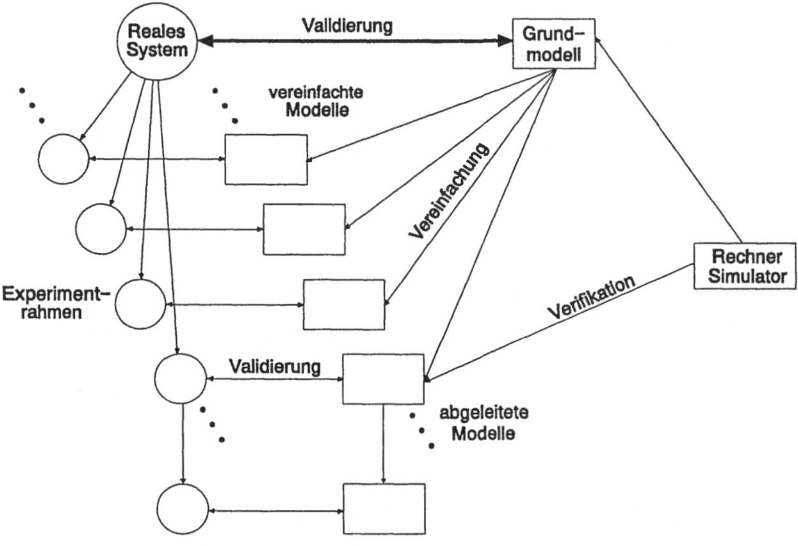


*Bild 2-3: Die fünf Grundelemente der Simulation nach Zeigler /ZEIG85/*

Simulation abgebildet. Das reale System entspricht dem mit Hilfe der Simulationstechnik zu untersuchenden geplanten oder bereits realisierten System. Der Experimentrahmen beschreibt die Ziele einer Simulationsuntersuchung und die zulässigen Vereinfachungen bei der Erzeugung eines geeigneten Simulationsmodells. Das Grundmodell stimmt in seinem Verhalten mit dem realen System überein. Abgesehen von der Schwierigkeit, ein solch genaues Modell überhaupt zu erstellen, würde es soviele Komponenten (Subsysteme) und Relationen zwischen diesen Subsystemen enthalten, daß es nicht mehr überschaubar wäre. Außerdem werden in ihm viele Aspekte abgebildet, die für die Beantwortung einer bestimmten Fragestellung überhaupt nicht relevant sind. Deshalb wird abhängig von der im Experimentrahmen definierten Aufgabenstellung ein vereinfachtes Modell aus dem Grundmodell abgeleitet, das für diesen Experimentrahmen validierte Ergebnisse liefert. Dieses vereinfachte Modell wird nun, meist mit Hilfe eines geeigneten Simulationswerkzeuges, in ein rechnerinternes Modell abgebildet. Die Aufgabe des eigentlichen Simulators besteht darin, auf der Grundlage dieses Modells sukzessive für jeden Zeitpunkt t das Simulationsergebnis zu ermitteln. Den Vorgang der Überprüfung, ob das rechnerinterne Modell das in der formalen Modellbeschreibung spezifizierte Verhalten korrekt nachbildet, bezeichnet man als Verifikation.

## 2.4    Durchführung einer Simulationsuntersuchung

Bei der Durchführung einer Simulationsuntersuchung wird wie folgt vorgegangen (Bild 2-4). Zunächst wird das reale oder geplante System in ein Grundmodell umgesetzt. Dabei kann es sich um ein rein mentales Modell handeln. Abhängig von den im Experimentrahmen definierten Untersuchungszielen und zulässigen Vereinfachungen wird aus diesem Grundmodell ein vereinfachtes, aber für die gegebene Fragestellung ausreichend detailliertes, formales Modell abgeleitet. Bei der Wahl des Abstraktionsgrades soll nocheinmal betont werden, daß das Simulationsmodell so einfach wie möglich, aber so exakt wie nötig gemacht wird. Durch die Abbildung unwichtiger Details im Modell wird das Erkennen der wesentlichen Zusammenhänge im modellierten System nur unnötig erschwert. Mit Hilfe eines geeigneten Simulationswerkzeuges wird dieses Modell auf dem Rechner in ein rechnerinternes Modell umgesetzt, das zusammen mit dem Simulator ein ablauffähiges Simulationsprogramm ergibt. Mit diesem Modell werden Simulationsexperimente durchgeführt. Handelt es sich bei dem eingesetzten Simulationsmodell um ein

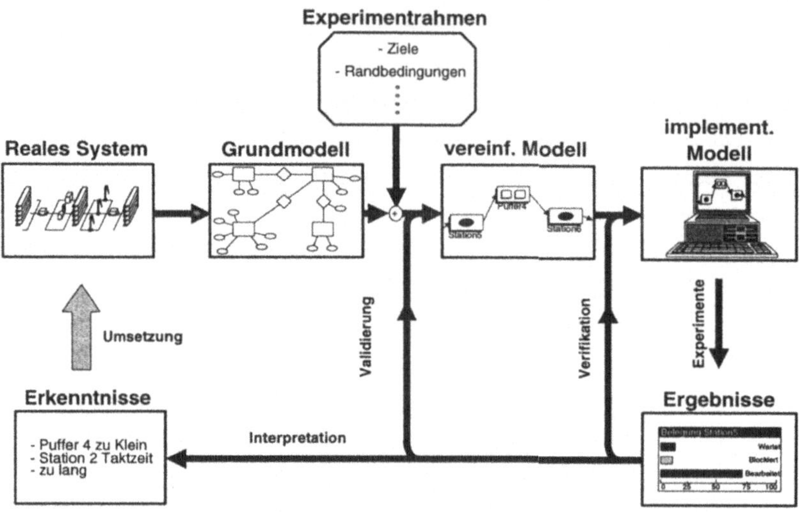


*Bild 2-4:  Vorgehensweise bei der Durchführung einer Simulationsuntersuchung*

stochastisches Modell muß dabei beachtet werden, daß es sich bei den Experimenten um Zufallsexperimente handelt. Zwei aufeinanderfolgende Simulationsläufe mit demselben Modell können unterschiedliche Ergebnisse liefern. Für die Vorbereitung und die korrekte Auswertung derartige Experimente sind die Methoden der mathematischen Statistik anzuwenden /FISC88, KLEI86/. Die Ergebnisse der Experimente werden zunächst dazu verwendet, die Verifikation der Modellbausteine und die anschließende Validierung des Simulationsmodells durchzuführen. Dabei wird überprüft, ob das Modell alle relevanten Aspekte des realen Systems richtig und ausreichend genau abbildet. Dazu werden die Ergebnisse auf Plausibilität überprüft, bzw. wenn das reale System schon vorhanden ist, direkt mit dessen Daten verglichen. Erst nachdem das Modell validiert ist, können Simulationsexperimente durchgeführt werden, deren Interpretation unter Berücksichtigung der getroffenen Vereinfachungen zu Erkenntnissen über das reale System führen. Diese Erkenntnisse werden dann im realen oder geplanten System in konkrete Maßnahmen umgesetzt.

# 3 Einsatz der Simulation für Planung und Betrieb von Produktionssystemen

Im folgenden Kapitel sollen die Einsatzmöglichkeiten der Simulation und die Unterstützung durch entsprechende Simulationswerkzeuge bei Planung und Betrieb von Produktionssystemen aufgezeigt werden. Dabei wird im besonderen auf die Ablaufsimulation eingegangen.

## 3.1 Planung von Produktionssysteme

In Kapitel 1 wurde auf die Notwendigkeit einer zunehmenden Automatisierung, Flexibilisierung und Rechnerdurchdringung von Produktionssystemen sowie auf die sich daraus ergebenden erhöhten Anforderungen an die Planung derartiger Systeme hingewiesen. Unter dem Begriff Produktionssysteme werden nach REFA Arbeitssysteme verstanden, deren Funktion sich aus mehreren, sich ergänzenden Teilfunktionen für die Bearbeitung und Montage sowie für den Material- und Informationsfluß zusammensetzt /REFA87/. "Das systematische Suchen und Festlegen von Zielen sowie von Aufgaben und Mitteln zum Erreichen dieser Ziele" wird nach /REFA85/ als Planung bezeichnet. Charakteristisch für die Planung von Produktionssystemen wie für jeden komplexen Entscheidungsprozeß ist die stufenweise Bearbeitung der Gesamt- und Teilaufgaben. Allen Vorgehensweisen und Verfahren für die Planung von Produktionssystemen ist gemeinsam, daß die Planung in mehrere Phasen zunehmender Genauigkeit eingeteilt wird (Bild 3-1).

Im Rahmen der Vorplanung soll mit vertretbarem Aufwand, aufbauend auf einer Istanalyse und Prognosen über das mögliche Produktionsprogramm, abgeklärt werden, ob überhaupt Bedarf nach einem neuen oder geänderten Produktionssystem besteht, welchen Anforderungen es genügen soll, welche Fertigungs-, Montage- und Lagerprinzipien denkbar und welche die erfolgversprechendsten sind. Während der Grobplanungsphase erfolgt die Festlegung der Produktionsabläufe, beginnend mit der konstruktiven und kapazitätsmäßi-

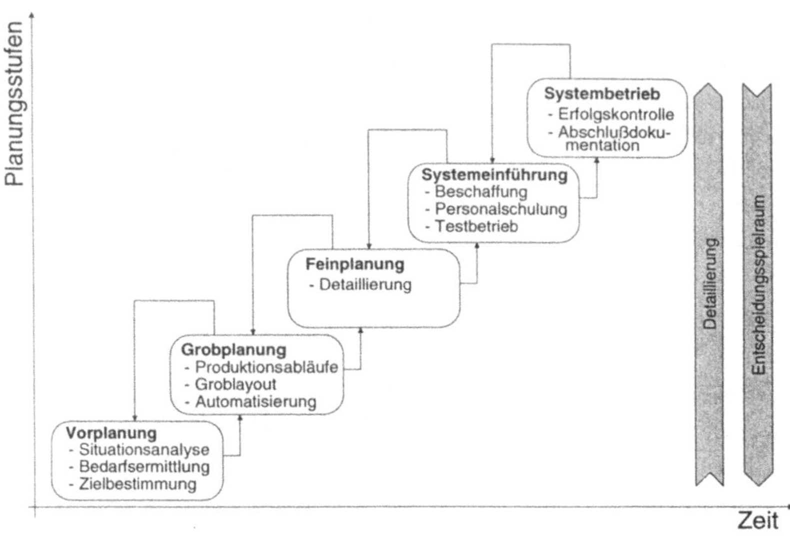


*Bild 3-1:   Vorgehen bei der Planung von Fabrikanlagen*

gen Auslegung der Bearbeitungssysteme. Daran anschließend findet die Konzeption des benötigten Material- und Informationsflußsystems statt, wobei insbesondere auch die material- und informationsflußtechnischen Schnittstellen festgelegt werden.

Die Feinplanung hat die Detaillierung der Teilsysteme zum Ziel. Im Rahmen der Systemeinführung erfolgt die Beschaffung der Einzelkomponenten, die Schulung des Personals und die Installation der Betriebsmittel. Außerdem wird eine Testbetriebsphase durchgeführt, um erste Erfahrungen mit dem neuen Produktionssystem zu sammeln. Nach Beendigung der Testphase, wenn das System einen gewissen "Reifegrad" erreicht hat, erfolgt eine abschließende Erfolgskontrolle, und es wird eine Abschlußdokumentation erstellt.

Innerhalb der einzelnen Planungsphasen muß durch eine methodische Vorgehensweise die Erarbeitung alternativer Lösungskonzepte sichergestellt werden. Diese Variantenbildung ist notwendig, denn erst der Vergleich verschiedener Varianten ermöglicht die Beurteilung von Lösungsvorschlägen und demzufolge die Auswahl einer "optimalen" Lösung unter Berücksichtigung verschiedener Entscheidungskriterien. Jede Planungsaufgabe setzt sich aus einer Vielzahl von Entscheidungsprozessen zusammen, die stufenweise und zum Teil iterativ zu durchlaufen sind /KETT84/.

Abhängig von der Art der auftretenden Fragestellung existieren für die Bewertung der Lösungsalternativen unterschiedliche Methoden. In der betrieblichen Praxis erfolgt diese Bewertung oft aufgrund der persönlichen Erfahrung des Planungsingenieurs, was in vielen Fällen durch sein breites Erfahrungswissen gerechtfertigt ist /JAEG90/. Es besteht allerdings das Risiko, daß erfolgversprechende Lösungsalternativen frühzeitig verworfen werden, oder es aufgrund von unzulässigen Annahmen und Vereinfachungen zu zeit- und kostenintensiven Planungsfehlern kommt.

Bei der Planung komplexer Produktionssysteme sind diese Risiken im Vergleich zur Planung konventioneller Produktionssysteme aufgrund der Neuartigkeit einzelner Bearbeitungs-, Montage-, Materialfluß- oder Informationseinrichtungen und der für komplexe Produktionssysteme charakteristischen starken gegenseitigen Abhängigkeit im Zusammenwirken von Mensch, Technik, Organisation und Information besonders hoch. Wegen der Vielzahl an Kombinationsmöglichkeiten der genannten Teilsysteme besteht darüber hinaus in der Regel kaum eine Vergleichsmöglichkeit mit anderen, bereits vorhandenen Produktionssystemen. Dementsprechend ist hier eine Unterstützung bei der Bewertung der Alternativen besonders wichtig. Ein Hilfsmittel, das während aller Planungsphasen und bei der Planung aller Teilsysteme von Produktionssystemen einen Beitrag zur Bewertung von Lösungsalternativen basierend auf objektiv ermittelten Daten ermöglicht, stellt die Simulation dar.

## 3.2    Simulationseinsatz bei der Planung von Produktionssystemen

Die Simulationstechnik hat im Bereich der Gestaltung von Produktionssystemen als Hilfsmittel allgemeine Anerkennung gefunden /KUHN87/. Sie wird vor allem während der Grob- und Feinplanungsphase und hier wiederum in erster Linie für die Planung der Materialflußsysteme eingesetzt. Abhängig von der Art der auftretenden Fragestellungen wird der notwendige Abstraktionsgrad und damit verbunden die erforderliche Systemgrenze der eingesetzten Simulationsmodelle festgelegt. Dementsprechend kommen während der Grobplanungsphase Modelle auf einem hohen Abstraktionsniveau zum Einsatz, während in der Feinplanungsphase mit zunehmendem Planungsfortschritt immer detailliertere Modelle notwendig sind.

Abhängig davon, welche Modelle erforderlich sind, wird im Bereich der Produktionstechnik prinzipiell zwischen der Ablaufsimulation, der 3D-Bewegungssimulation und der Finiten Elemente Methode (FEM) unterschieden. Die Ablaufsimulation wird auf relativ hohem Abstraktionsniveau für die Untersuchung der diskreten Zusammenhänge in Produktionssystemen eingesetzt. Die eingesetzten Modelle beschränken sich auf eine Nachbildung der kapazitiven und zeitlichen Zusammenhänge in den untersuchten Produktionssystemen. Derartige Modelle werden als Strukturmodelle bezeichnet. Für die 3D-Bewegungssimulation sind wesentlich detailliertere Modelle erforderlich, in denen die kinematischen Wechselwirkungen zwischen den einzelnen Komponenten beispielsweise durch Differentialgleichungen beschrieben werden. Die geometrische Modellierung der einzelnen Komponenten erfolgt mit Hilfe von 3D-Volumenmodellen. Schließlich wird bei der FEM-Simulation die Struktur der Komponenten mit Hilfe von Finiten Elementen nachgebildet. Dazu werden die zu untersuchenden Komponenten in passende, endlich große Elemente zerlegt, die über Knoten miteinander verknüpft sind.

In Bild 3-2 wird abhängig von der Systemgrenze eine Unterteilung von Produktionssystemen in vier Hierarchieebenen vorgenommen, wobei die Übergänge fließend sind. Während der Planung ist ein ständiger Wechsel zwischen

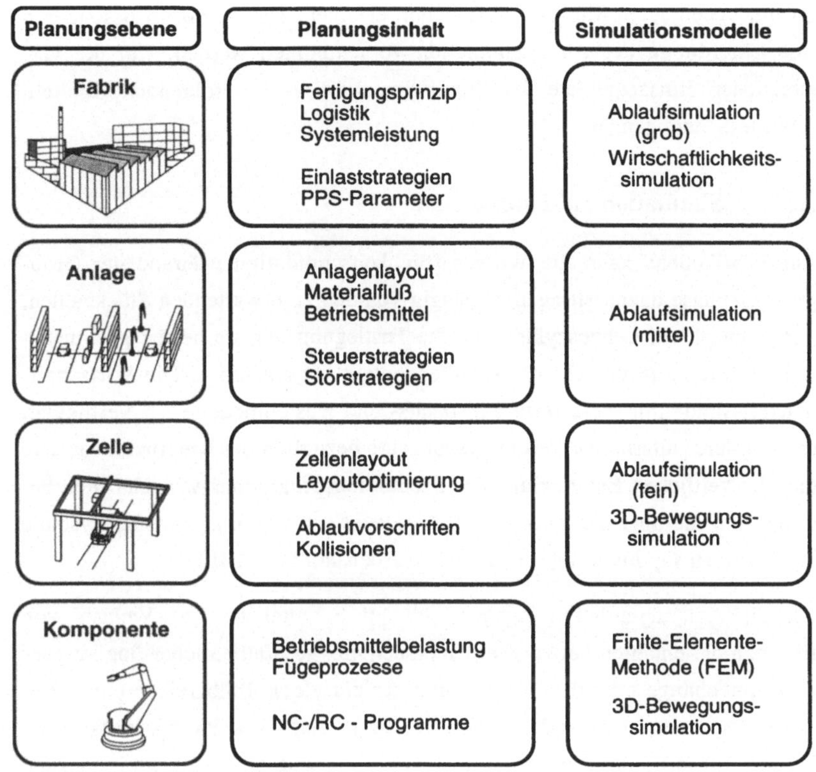


*Bild 3-2:  Einsatz der Simulation auf den unterschiedlichen Hierarchieebenen*

den einzelnen Hierarchiestufen notwendig, um die Auswirkungen von Planungsänderungen auf über- oder untergeordneten Ebenen bestimmen zu können. Für den erfolgreichen Einsatz der Simulation ist es von entscheidender Bedeutung, vorab festzulegen, welche Ziele vorrangig sind. Nur dadurch kann bei auftretenden Zielkonflikten, z.B. zwischen hoher Kapazitätsauslastung und niedrigen Durchlaufzeiten, eine korrekte Bewertung der Simulationsergebnisse erfolgen. Im folgenden soll exemplarisch eine Gegenüberstellung von auf den einzelnen Hierarchiestufen auftretenden, simulativ zu lösenden Fragestellungen und geeigneten Simulationsmodellen erfolgen. Dabei soll im besonderen eine Einordnung der Ablaufsimulation vorgenommen werden. Auf die verschiedenen Einsatzgebiete der Simulation wird in den folgenden Kapiteln detailliert eingegangen.

### 3.2.1    Simulation auf Fabrikebene

Auf Fabrikebene kann die Wirtschaftlichkeitssimulation während der Grobplanungsphase dazu beitragen, abhängig von den zu erwartenden Stückzahlen, Variantenzahlen, Lebenszyklen etc. die Festlegung der am besten geeigneten technisch-organisatorischen Gesamtkonzeption vorzunehmen. Die Wirtschaftlichkeitssimulation stellt dazu Kapazitäts- und Kostenmodelle zur Verfügung, anhand derer alternative Fertigungskonzepte bezüglich der Unternehmensziele und der zeitlichen Entwicklung des Produktionsprogramms wirtschaftlich beurteilt und die über der ganzen Nutzungsdauer am besten geeigneten Systeme zur weiteren Optimierung ausgewählt werden können /DILL91/.

Für die Ablaufsimulation ergeben sich auf Fabrikebene eine Vielzahl von Einsatzmöglichkeiten, etwa die Untersuchung gesamtheitlicher logistischer Zusammenhänge oder die Abstimmung der einzelnen Teilbereiche eines Produktionssystems aufeinander. Während des Betriebs des Produktionssystems können mit Hilfe der Simulation geeignete Einlaststrategien ermittelt oder die Einstellung von Parametern des verwendeten PPS-Systems vorgenommen werden.

### 3.2.2    Simulation auf Anlagenebene

Auf Anlagenebene steht der Materialfluß und die für die Steuerung eingesetzten Strategien im Mittelpunkt der Betrachtung /FELD92/. Für die Untersuchung dieser Zusammenhänge eignet sich ebenfalls die Ablaufsimulation. Die eingesetzten Modelle sind gegenüber den Modellen auf Fabrikebene allerdings detaillierter. Der Einsatz der Simulation während der Planung von Produktionssystemen konzentriert sich bisher vor allem auf diesen Bereich. Dementsprechend sind für die Durchführung von Simulationsuntersuchungen des Materialflusses auf Anlagenebene eine Vielzahl von Simulationswerkzeugen kommerziell erhältlich. Auf den Einsatz der Ablaufsimulation in weiteren Anwendungsgebieten wird in den folgenden Kapiteln detailliert eingegangen.

### 3.2.3 Simulation auf Zellenebene

Die Planung eines Zellenlayouts ist sehr komplex und erfordert vom Planer ein hohes Maß an räumlichem Vorstellungsvermögen. Der Einsatz von 3D-Simulationssystemen hat sich zur Lösung der Planungsaufgaben auf Zellenebene als besonders geeignet erwiesen /TAUB88/. Mit diesem Hilfsmittel lassen sich Kollisions- und Arbeitsraumuntersuchungen von automatisierten Fertigungs- und Montagezellen durchführen. Auch das Zusammenspiel von Menschen und automatischen Fertigungseinrichtungen, sogenannten hybriden Systemen, kann analysiert werden /PFRA90/.

Die Koordinierung der Abläufe innerhalb der Zelle erfolgt mittels Ablaufvorschriften, die von Zellensteuerungen abgearbeitet werden. Wie im folgenden noch detailliert ausgeführt wird, kann für den Vergleich und die Überprüfung der Fehlerfreiheit dieser Ablaufvorschriften die 3D-Bewegungssimulation oder ebenfalls die Ablaufsimulation eingesetzt werden.

### 3.2.4 Simulation auf Komponentenebene

Die 3D-Bewegungssimulation kann auch auf Komponentenebene eingesetzt werden. Sie dient hier einerseits der Visualisierung und Optimierung von Fertigungs- und Montageprozessen, andererseits zur Off-Line-Programmerstellung der für Industrieroboter und Werkzeugmaschinen benötigten RC- und NC-Programme.

Im Bereich der Entwicklung und Planung komplexer Fügeprozesse stellt die Finite-Elemente-Methode (FEM) ein effektives Hilfsmittel dar. Mit der FEM-Simulation kann schon während der Planung, ohne den Aufbau teurer Pilotanlagen, die Verfahrensauswahl, -erprobung und -optimierung durchgeführt werden /MIKS91/.

## 3.3    Konventionelle Einsatzgebiete der Ablaufsimulation

### 3.3.1    Einsatzgebiete und Zielsetzung

Eine Umfrage der Universität-GH Siegen /SCHA90/ unter Simulationsanwendern hat ergeben, daß die thematischen Schwerpunkte beim Einsatz der Ab-

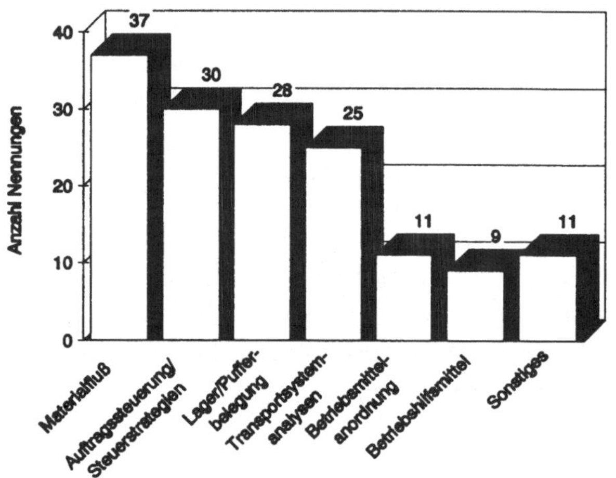


*Bild 3-3:    Thematische Schwerpunkt beim Einsatz der Ablaufsimulation*
*           /SCHA90/*

laufsimulation vor allem in den Bereichen Materialfluß, Auftragssteuerung/Steuerstrategien, Lager-Pufferbelegung und Transportsystemanalysen zu finden sind (Bild 3-3). Der Simulationseinsatz konzentriert sich dabei vor allem auf die Anlagenebene. Mit Hilfe der Ablaufsimulation sollen Kenngrößen, beispielsweise für die Auslastung der Betriebsmittel, die Bestände und die Durchlaufzeiten des geplanten Produktionssystems bestimmt werden, um

- eine Bewertung alternativer Systemlösungen,

- eine Minimierung der Kapitalbindungskosten (z.B. optimale Puffer-
  dimensionierung und Transportmittelauslegung) und

- eine Bewertung der Flexibilität bei geänderten Produktionsbedingun-
  gen

bezüglich dieser Kenngrößen vorzunehmen.

Außerdem sollen Strategien für die

- Auftragsreihenfolgebildung,

- Bereitstellung von Werkzeugen und Vorrichtungen,

- Qualitätssicherung,

- Wartung und Instandhaltung sowie

- die Behandlung von Störfällen

ermittelt werden.

### 3.3.2    Simulationswerkzeuge für die Durchführung von Materialfluß-untersuchungen

Für die Klärung der genannten Aufgabenstellungen sind Simulationsmodelle
notwendig, in denen sowohl der Materialfluß als auch die ihn lenkenden
Steuerstrategien abgebildet sind (Bild 3-4). Für den Aufbau derartiger Modelle
und die Durchführung von Simulationsuntersuchungen sind auf dem Markt
eine Vielzahl von Simulationswerkzeugen erhältlich, die sich bezüglich ihrer
Benutzerfreundlichkeit, der verwendeten Modellierungsmethode und dementsprechend den möglichen Einsatzgebieten unterscheiden /SPUR90, EVER89/.
Laut einer von Noche durchgeführten Marktanalyse über Simulationssysteme
für Produktion und Logistik entfallen für diesen Bereich 30% der Systeme
auf Spezialsimulatoren, die auf eine bestimmte Anwendung, beispielsweise
Fahrerlose Transportsysteme, zugeschnitten sind /NOCH91/. Entgegen der
wachsenden Bedeutung des Informationsflusses in der Produktion konzentriert
sich der Großteil der verfügbaren Simulationswerkzeuge bei der Modellierung

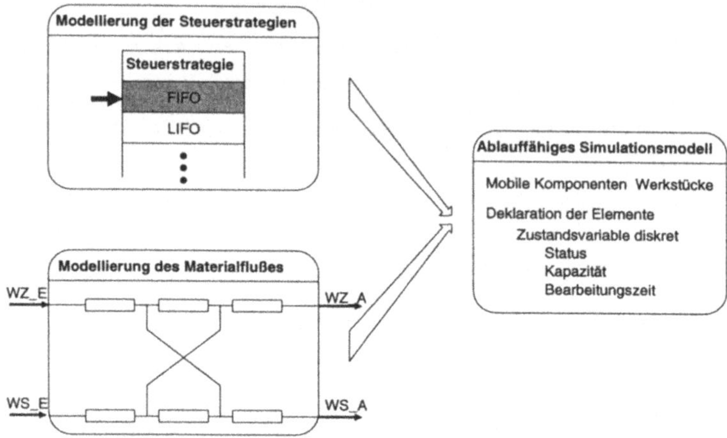


*Bild 3-4:  Aufbau von Simulationsmodellen für die Durchführung von Materialflußuntersuchungen*

auf die Nachbildung des Materialflusses. Bei der Abbildung der Informationsflüsse und der verwendeten Steuerstrategien muß der Anwender meist auf einen vorgefertigten Satz fest implementierter Strategien zurückgreifen. Die Möglichkeiten für eine flexible Nachbildung beliebiger Steuerstrategien ist bei den meisten Simulationswerkzeugen nicht vorhanden oder beschränkt sich darauf, daß Programmierschnittstellen zur Verfügung gestellt werden. Der Aufwand für die Berücksichtigung der Steuerstrategien ist damit sehr hoch und erfolgt deshalb meist stark vereinfacht.

Simulationswerkzeuge, die eine benutzerfreundliche Nachbildung von Steuerstragien ermöglichen, bilden also die Ausnahme. Exemplarisch seien hier die Systeme SIMPLE /BECK91/ und NET /ITTE89/ angeführt. SIMPLE ermöglicht die flexible Modellierung von Steuerstrategien mit Hilfe von Entscheidungstabellen. Bei NET handelt es sich um ein Werkzeug zum Aufbau sogenannter NET-Modelle, einer Variante höherer Petrinetze. Die Möglichkeit der Nachbildung von Steuerstrategien ist damit impliziert. Mit Hilfe dieser Simulationswerkzeuge können neben den gewünschten Kenngrößen für die Bewertung des geplanten Produktionssystems auch geeignete Steuerstrategien ermittelt und ausgewählt werden. Die ausgewählte Strategie kann als Grundlage eines Pflichtenheftes für die Entwicklung der benötigten Steuersoftware verwendet werden.

Neben diesen Ergebnissen liegt mit Abschluß einer Simulationsuntersuchung ein Simulationsmodell des Systems vor, das aber in den meisten Fällen nicht mehr weitergenutzt wird. Milberg spricht in /MILB91-2/ treffend von "Wegwerfsimulation".

## 3.4 Einsatz der Ablaufsimulation für den Test von Steuersoftware

### 3.4.1 Zielsetzung

Das mit Abschluß der Materialflußuntersuchung vorliegende Pflichtenheft für die Steuerstrategien muß im weiteren Verlauf der Planung des Produktionssystems in konkrete Steuersoftware umgesetzt werden. Besonders bei komplexen Produktionssystemen steht man bei der Steuerungsentwicklung vor dem Problem, daß Steuerprogramme erst mit Abschluß des Systemaufbaus während der Inbetriebnahme getestet werden können, da der Programmablauf maßgeblich von Rückmeldungen aus dem System beeinflußt wird /STOR85/. Außer den damit verbundenen Kosten birgt die Inbetriebnahme der Steuerungen vor Ort noch erhebliche zusätzliche Probleme in sich /MILB92/:

- Das für den Betrieb der Anlage vorgesehene Personal kann die anfänglichen Schwierigkeiten beobachten und wird so gleich zu Beginn verunsichert.

- Das für die Inbetriebnahme zuständige Personal muß in ungewohnter Umgebung unter großem Zeitdruck die "Steuerung zum Laufen bringen".

- Die gesamte Entwicklungsumgebung muß vor Ort nochmals installiert werden.

- Durch nur schwer vorhersehbare Unvereinbarkeiten zwischen dem geplanten Produktionsablauf und der realisierten Produktionsanlage kommt es oft zu Schwierigkeiten, die eine Umgestaltung der Produktionsanlage oder der Steuerprogramme nötig machen und damit zusätzliche Kosten verursachen.

- Die nachträgliche Optimierung der entwickelten Steuersoftware ist meist nicht mehr möglich.

Eine Verbesserung dieser Situation läßt sich durch zwei Ansätze erreichen. Zum einen kann durch die Verwendung neuer Methoden und Hilfsmittel die für das Erstellen der Steuerprogramme benötigte Zeit verkürzt und gleichzeitig die Fehlerhäufigkeit reduziert werden (vgl. Kapitel 5.1.4). Zum anderen ergibt sich durch den Einsatz der Simulation die Möglichkeit, weit vor der Fertigstellung der Mechanik und der eigentlichen Inbetriebnahme eines Systems die Steuersoftware ohne Kopplung mit der realen Anlage auszutesten, Auskunft über das Störverhalten zu erhalten und das Systemverhalten bei unterschiedlichen Betriebsarten und unterschiedlicher Systembelegung zu testen /STOR88, DEMI87/.

Unter "Testen" soll dabei nach Balzert "ein experimentelles Verfahren, das mit einer beschränkten Zahl von Eingabekombinationen den empirischen Nachweis zu erbringen sucht, daß die Abweichungen eines Programmes von seiner Spezifikation unterhalb einer vorgegebenen Toleranzschwelle liegen" verstanden werden /BALZ82/. Aus dieser Definition folgt, daß durch Testen nur das Vorhandensein von Fehlern, nicht aber die Fehlerfreiheit bewiesen werden kann. Der Nachweis der Fehlerfreiheit durch Programm-Verifikation kann nicht geführt werden, da die dazu notwendige formale Spezifikation der Steuerprogramme im allgemeinen nicht möglich ist.

Eine Hauptschwierigkeit beim Testen besteht in der Ableitung repräsentativer Testfälle. Dabei tritt erschwerend das Problem auf, daß es sich bei Steuerprogrammen um Echtzeit-Software handelt. Unter Echtzeit-Software versteht Glass /GLAS80/: "Real-time software is software that drives a computer which interacts with functioning external devices or objects. It is called real-time because the software actions control activities that are occurring in an ongoing process". Steuerprogramme können deshalb nicht für sich alleine, sondern nur eingebettet in eine Gesamtumgebung gesehen werden.

Damit der Test von Steuersoftware nicht nur am realen System durchgeführt werden kann, muß es gelingen, diese Gesamtumgebung durch eine entsprechende Testumgebung zu ersetzen. Mit Hilfe dieser Testumgebung muß es möglich sein, repräsentative Testfälle für das Steuerprogramm zu erzeugen. Repräsentative Testfälle stellen alle während des realen Einsatzes auftretenden Betriebszustände dar. Manuell erzeugte Testumgebungen können nicht vollständig sein /HEIN91/, da die Zahl möglicher Betriebszustände selbst bei Systemen kleiner Größenordnung schnell unüberschaubar wird. Durch den Einsatz der Simulation als Testumgebung wird die Erzeugung von Testfällen automatisiert. Je länger das Simulationsmodell realen Betrieb simuliert, umso mehr erfolgt eine Annäherung an den Idealfall, daß die Reaktion des Steuer-

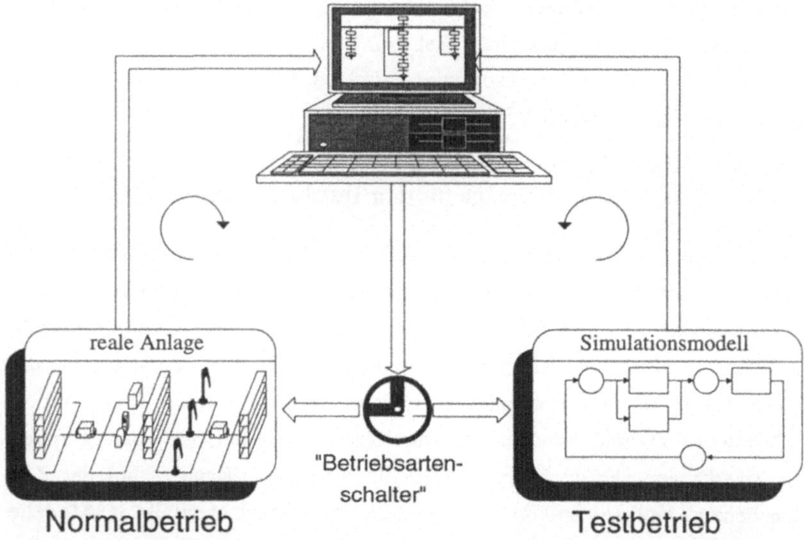


*Bild 3-5:   Einsatz eines "Betriebsartenschalters" um von Test- auf Normalbe-*
*trieb umzuschalten*

programmes auf alle möglichen Betriebszustände untersucht wurde. Das Simulationsmodell muß dazu das reale System so detailgetreu nachbilden, daß es aus Sicht der Steuerung das gleiche Verhalten aufweist, wie die reale Anlage. Auf diese Art und Weise kann die Wechselwirkung zwischen Steuerung und "realem System" am Modell untersucht werden. Soll nach Abschluß der Testphase die reale Anlage angesteuert werden, kann mit einem "Betriebsartenschalter" von Test- auf Normalbetrieb umgeschaltet werden, ohne daß die Steuerung einen Unterschied zwischen Realität und Simulation bemerkt (Bild 3-5).

Die zu Beginn dieses Kapitels aufgeführten Nachteile der Inbetriebnahme von Steuersoftware vor Ort können durch die beschriebene Vorgehensweise umgangen werden. Der Test von Steuersoftware mit Hilfe von Simulationsmodellen hat zusätzlich den Vorteil, daß auch nur sporadisch auftretende Fehler durch eine Wiederholung des Simulationslaufs reproduziert und damit schnell eingegrenzt werden können. Dies ist im realen System nur schwer möglich. Durch den simulationsgestützten Test von Steuersoftware kann damit insgesamt die Qualität der Steuersoftware entscheidend gesteigert und die Inbetriebnahmephase wesentlich verkürzt werden.

## 3.4.2    Simulationswerkzeuge für den Test von Steuersoftware

Für den Test der auf den unterschiedlichen Hierarchieebenen eingesetzten Steuerprogramme werden Simulationsmodelle mit unterschiedlichem Detaillierungsgrad benötigt /RAIT92/. Bei den auf Komponentenebene benötigten NC- und RC-Programmen interessiert neben der Funktion in erster Linie die Kollisionsfreiheit der verwendeten Steuerprogramme. Dieser Test erfordert 3D-Bewegungssimulationsmodelle, für deren Erzeugung geeignete Simulationswerkzeuge verfügbar sind /SCHR91, WRBA90/. Kann es auf der Zellenebene zu Kollisionen kommen, sind auf dieser Ebene ebenfalls 3D-Modelle der gesamten Zelle erforderlich. Spielen allerdings Kollisionen keine Rolle, kann auf der Zellenebene wie auch auf den darüber angeordneten Ebenen auf eine aufwendige 3D-Modellierung verzichtet werden. Für die hier vor allem benötigte Überprüfung der Funktion der Steuerprogramme sind Ablaufsimulationsmodelle ausreichend, die auf einer diskreten Nachbildung der realen Anlage beruhen. Da diskrete Modelle weniger rechenzeitintensiv sind, kann mit ihnen im gleichen Zeitraum eine wesentlich größere Anzahl von Testfällen erzeugt werden. Damit steigt die Wahrscheinlichkeit, einen Großteil der Fehler aufzuspüren. Außerdem ist es möglich, durch eine gezielte Steigerung der Simulationsgeschwindigkeit die Leistungsfähigkeit der eingesetzten Steuerungen und Steuerprogramme zu überprüfen.

Im Gegensatz zu der Vielzahl an Simulationswerkzeugen für den Aufbau von Ablaufsimulationsmodellen, die sich für Materialflußuntersuchungen eignen, gibt es keine Werkzeuge mit einem vergleichbaren Entwicklungsstand für den Aufbau von Modellen, die sich für den Test von Steuersoftware auf den der Maschinenebene übergeordneten Ebenen eignen. Bei den in der Literatur erwähnten Anwendungen handelt es sich meist um erste Prototypen, die auf bestimmte Einsatzgebiete zugeschnitten sind. Chmielnicki beschreibt in /CHMI85/ das Simulationssysteme SIKTAS, das sich als Testumgebung bei der Entwicklung von Steuerprogrammen eignet. Es entspricht jedoch nicht heutigen Anforderungen an die Benutzerfreundlichkeit. In /STOL91/ wird ein wissensbasiertes System vorgestellt, mit dessen Hilfe simulationsunterstützt Steuerungssoftware für den Leitrechner eines flexiblen Schweißsystems erstellt wird. Heinz beschreibt in /HEIN91/ ein System, das sich speziell für den Test von BDE-Steuersoftware eignet. Einen relativ hohen Entwicklungsstand hat das an der Universität Karlsruhe entwickelte System TOPAS (Technologie-orientierte Projektierung von Ablaufsteuerungen) erreicht /LENS91, SCHM91/. Dieses System enthält ebenfalls eine Simulationskomponente, mit der das Verhalten der Anlage in Verbindung mit dem auf dem Projektierungsrechner emulierten SPS-Programm untersucht werden kann.

## 3.5 Einsatz der Ablaufsimulation für den Betrieb von Produktionssystemen

### 3.5.1 Zielsetzung

Im Gegensatz zur Verfahrenstechnik, wo der Einsatz der Simulation für die Prozeßüberwachung Stand der Technik ist /DIEK90/, werden im Bereich der Produktionstechnik die Möglichkeiten, die sich aus dem Einsatz der Simulationstechnik während des Betriebs von Produktionssystemen eröffnen, erst in jüngster Zeit erkannt und genutzt. Es ergeben sich eine Fülle von Einsatzmöglichkeiten, die über die Anwendung der Simulation für die Bewertung von Umplanungsmaßnahmen weit hinausgehen. So kann die Simulation beispielsweise für Schulungszwecke eingesetzt werden. Das Leitstandspersonal kann auf diese Art, ohne den aktuellen Produktionsbetrieb zu stören, die Auswirkungen von Eingriffen in das System erlernen. Damit können etwa Störstrategien eingeübt oder Auswirkungen von Änderungen an Zielgrößen des PPS-Systems frühzeitig bewertet werden /SPRI92/.

Während des Betriebs von Produktionssystemen müssen auf den unterschiedlichen Hierarchieebenen eine Vielzahl vor allem dispositiver Entscheidungen getroffen werden, bei denen die Simulation für die Entscheidungsunterstützung eingesetzt werden kann. Wesentlich ist dabei, daß durch den Einsatz der Simulation die zukünftigen Auswirkungen aktueller Entscheidungen bewertet werden können und damit rechtzeitig reagiert werden kann.

So können bei der Auftragsannahme mit Hilfe der Simulation Aussagen über den möglichen Fertigstellungstermin getroffen werden. Als Komponente des PPS-Systems kann mit Hilfe der Simulation die Durchsetzbarkeit des geplanten Produktionsprogrammes überprüft werden /PLAP91, MILB91-3, WIEN90/. Damit wird es möglich, frühzeitig sogenannte "wandernde Engpässe" zu erkennen. Auf Leitsystemebene ist nach /SCHM87/ der Einsatz der Simulation für die

- Verifikation der Prozeßablaufplanung

- Bewertung der geplanten Prozeßführung

- Optimierung der Prozeßablaufplanung

- Unterstützung bei der Resourceneinsatzplanung

- Bewertung von Störungen und Gegenmaßnahmen

sinnvoll. Mit Hilfe der Simulation können auch die möglichen Fertigstellungstermine für Eilaufträge und insbesondere auch die sich für die restlichen Aufträge ergebenden Verzögerungen ermittelt werden. Huber stellt in /HUBE91/ das System EXFERT vor, das als "intelligenter Assistent" bei der Überwachung und Steuerung eines Produktionsbereichs eingesetzt wird. Mit Hilfe der Simulation erfolgt eine Bewertung der aktuellen Situation und eine Unterstützung bei der Auswahl von Steuerungsmaßnahmen.

Über diese Verwendungsmöglichkeiten hinaus ist ein Einsatz der Simulation im Sinne eines aus der Regelungstechnik bekannten "Beobachters" (Bild 3-6) möglich /MILB91-4/. Dabei erlaubt ein parallel und synchron zur realen Produktion mitlaufendes Simulationsmodell den Zugriff auf Informationen und Systemgrößen, die im realen Produktionsprozeß nur schwer oder gar nicht meßbar sind. Damit ergeben sich erweiterte Möglichkeiten für die Prozeßüberwachung und -diagnose. Ausgehend vom aktuellen Systemzustand können Prognosen über die zukünftige Entwicklung der Betriebssituation erstellt werden, indem das Simulationsmodell vom realen Prozeß entkoppelt wird und unabhängig weiterläuft. Aus dem Vergleich des simulierten, zukünftigen Betriebsverlaufs mit der geplanten Produktionssituation auf Basis von Betriebskenngrößen und Auftragsdaten lassen sich Störungen und Abweichungen frühzeitig erkennen. In Verbindung mit weiteren indirekt und direkt entscheidungsunterstützenden Systemen, z.B. Monitor-/Diagnosesystemen, liefert die Simulation damit einen wesentlichen Beitrag zur Optimierung der Produktionssteuerung. Reinhardt /REIN92/ geht schließlich sogar soweit, den Einsatz des Simulationsmodells zur direkten Steuerung von Produktionssystemen vorzuschlagen. Die logistischen Anweisungen im Modell werden dann direkt an die unterlagerten Steuerungen weitergeleitet. Die Betriebsdaten aus der Anlage werden als Zustandsmeldungen in das Modell übernommen.

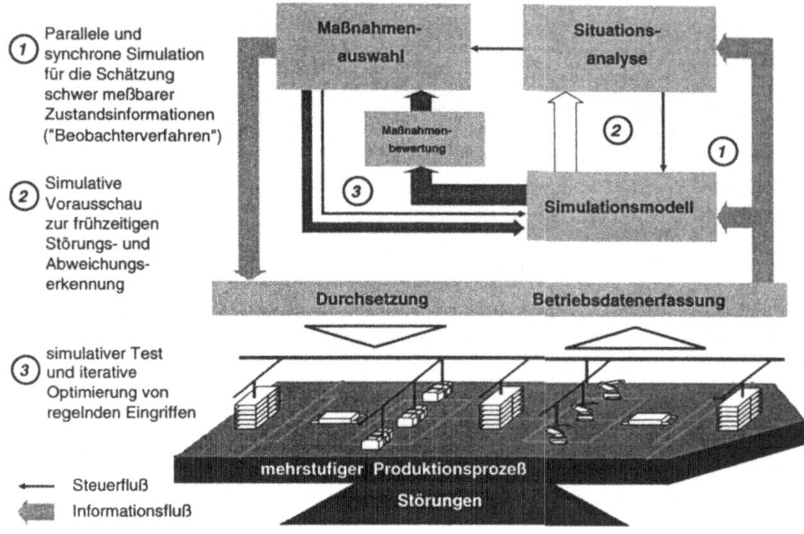


*Bild 3-6:*   *Einsatz der Simulation während des Betriebs von Produktionssy-*
           *stemen*

## 3.5.2   Simulationswerkzeuge für den Betrieb von Produktionssystemen

Für die beschriebenen Aufgabenstellungen während des Betriebs von Produktionssystemen eignen sich Ablaufsimulationsmodelle. Zell schlägt vor, Modelle auf unterschiedlichen Hierarchiestufen mit unterschiedlichem Detaillierungsgrad bereitzuhalten, um in Abhängigkeit der zeitlichen Nähe von Dispositionsentscheidungen Simulationen unterschiedlich detailliert durchzuführen /ZELL91/. Geeignete Simulationswerkzeuge müssen sehr hohe Anforderungen bezüglich der Laufzeit und den zur Verfügung gestellten Schnittstellen erfüllen. So muß der "Echtzeitfaktor", verstanden als das Verhältnis zwischen der Prozeßablaufgeschwindigkeit innerhalb des Simulators und der

Ablaufgeschwindigkeit des realen Prozesses, wesentlich größer als 1 sein /SCHM87/.

Bei den in der Literatur aufgeführten Simulationsanwendungen während des Betriebs handelt es sich meist um Speziallösungen, die auf einen bestimmten Anwendungsfall zugeschnitten sind. In /ORTM91/ wird das System FACTOR vorgestellt, das auf der Grundlage eines Simulationsmodells der Fertigung eine ereignisorientierte simultane Termin- und Kapazitätsplanung durchführt. Ein System, das im Rahmen des Leitsystems auch bei kurzfristigen Entscheidungen eingesetzt werden kann, ist der in /SHIR88/ vorgestellte Simulator OCS. Standardlösungen für den Einsatz der Simulation während des Betriebs sind derzeit nicht verfügbar.

## 3.6    Bewertung des Ist-Zustandes

Es wurde gezeigt, daß sich für die Ablaufsimulation neben der Verwendung für die Materialfluß- und Logistikplanung eine Reihe weiterer Einsatzgebiete ergeben. In Bild 3-7 sind die wichtigsten Einsatzmöglichkeiten zusammen-

| Vorfeld der Produktion | | vor Ort im Betrieb | | |
|---|---|---|---|---|
| **Planungs-aufgaben** | **Software-entwicklung** | **Steuerungs-aufgaben** | **Überwachungs-aufgaben** | **Regelungs-aufgaben** |
| Strukturplanung komplexer Produktionssysteme | Entwicklung von Steuerstrategien | Unterstützung der Auftragssteuerung in der Produktion | Unterstützung bei der Kontrolle des Produktionsfortschritts | Hilfsmittel für die Regelung des Auftragsflusses in der Produktion |
| Dimensionierung von Produktionssystemen | Erprobung und Test der Steuerstrategien vor Einführung im Betrieb | Entscheidungshilfsmittel bei der Auswahl von Steuerstrategien | Permanenter Soll-Ist-Vergleich (Beobachterprinzip) | Bewertung von regelnden Eingriffen |
| | | Schulung des Leitstandspersonals | | |

*Bild 3-7:   Einsatzmöglichkeiten der Ablaufsimulation*

fassend dargestellt. Vor allem beim Test von Steuersoftware und beim Betrieb von Produktionssystemen kann die Ablaufsimulation einen wesentlichen Beitrag zur Beherrschung der Komplexität moderner Produktionssysteme liefern. In jüngster Zeit wird außerdem die über die Entscheidungsunterstützung hinausgehende Bedeutung der Simulationsmodelle als Kommunikationshilfsmittel zwischen den an der Planung beteiligten unterschiedlichen Abteilungen erkannt /KUHN91, REIN91/. Außerdem kann durch den konsequenten Einsatz der Simulation während aller Planungsphasen die Dokumentation des Planungsvorgangs und der Entscheidungsfindung unterstützt werden. Diesem umfassenden Einsatz der Simulation stehen heute noch der hohe Aufwand und die Kosten gegenüber, die mit der Durchführung einer Simulationsuntersuchung verbunden sind. Simulationsstudien verursachen vorwiegend Personal-, Rechner- und Softwarekosten. Vor allem die Personalkosten sind erheblich, da gängige Simulationssysteme auch heute noch hochqualifiziertes Personal erfordern. Für Anwender der Simulation bedeutet dies erhebliche Vorleistungen für Ausbildung und Schulung der Spezialisten /WECK91/. Hinzu kommt, daß heutige Simulationssysteme meist auf die Untersuchung bestimmter Problemklassen zugeschnitten sind. Da eine Anpassung vorhandener Modelle an Fragestellungen aus anderen Problembereichen nicht möglich ist, steigt der erforderliche Aufwand linear mit der Anzahl durchzuführender Simulationsuntersuchungen.

Um den erforderlichen Aufwand so gering wie möglich zu halten, sind Simulationswerkzeuge erforderlich, mit denen Modelle aufgebaut werden können, die sich für unterschiedliche Aufgabenstellungen eignen. Gleichzeitig muß es durch eine Steigerung der Benutzerfreundlichkeit gelingen, auch mit der Simulationstechnik nicht vertrauten Anwendern den Zugang zur Simulationstechnik zu erleichtern. Damit erfolgt der Übergang von der reinen "Wegwerfsimulation" zum durchgängigen Einsatz der Simulationstechnik während aller Lebensphasen einer Anlage. Zeigler bezeichnet in /ZEIG84/ diese Entwicklung treffend als den Übergang von "Modelling in the small" zu "Modelling in the large".

# 4 Anforderungen an ein Simulationswerkzeug

In Kapitel 3 wurden die vielfältigen Einsatzmöglichkeiten für die Ablaufsimulation aufgezeigt. Im folgenden soll das Anforderungsprofil an das zu entwickelnde Simulationswerkzeug erarbeitet werden, mit dem der durchgängigen Einsatz der Ablaufsimulation für die aufgeführten Einsatzgebiete ermöglicht wird.

## 4.1 Allgemeine Anforderungen an das Ablaufsimulationswerkzeug

Bei der Entwicklung eines Simulationswerkzeuges für den durchgängigen Einsatz der Ablaufsimulation muß beachtet werden, daß die unterschiedlichen Anwender, für die das Simulationswerkzeug geeignet sein soll, unterschiedliche Anforderungen an ein Hilfsmittel erheben, das sie optimal unterstützt. Der Simulationsexperte benötigt ein Werkzeug, mit dem er beliebige Simulationsmodelle auf unterschiedlichem Detaillierungsniveau modellieren kann. Bei den Planern kann unterschieden werden zwischen Planern, die zur Lösung von Standardproblemen selbständig Simulationsmodelle aufbauen wollen und reinen Anwendern, die mit vorhandenen Modellen Experimentreihen durchführen wollen. Erstere benötigen ein Werkzeug, mit dem sie selbständig Standardprobleme lösen können. Letztere müssen mit vorhandenen Modellen lediglich Experimentreihen durchführen und die Ergebnisauswertung vornehmen können. Das Simulationswerkzeug muß damit der Tatsache Rechnung tragen, daß es von Benutzern mit unterschiedlichen Vorkenntnissen bedient wird:

- dem Simulationsexperten
- dem Planer mit fundierten Simulationskenntnissen
- dem Planer als reinen Simulationsanwender

*Bild 4-1:   Allgemeine Ziele bei der Entwicklung des Simulationswerkzeuges*

Um diesen unterschiedlichen Benutzergruppen gerecht zu werden, sind flexible, modulare Simulationswerkzeuge mit ergonomisch gestalteten Benutzeroberflächen erforderlich.

Die Benutzeroberflächen müssen so gestaltet sein, daß ein Anfänger durch
gut strukturierte Vorgaben mit einem Minimum an Entscheidungen seine
Arbeit durchführen kann, während ein geübter Benutzer seinen Arbeitsablauf
möglichst selbst gestalten können soll /HOFF89/. Gleichermaßen wichtig ist
ein Hilfesystem, das den Anwender bei auftretenden Problemen on-line unterstützt.

Ein wesentlicher Beitrag zu einer Erhöhung der Benutzerfreundlichkeit ist
durch eine Modularisierung des zu entwickelnden Simulationswerkzeugs zu
erreichen. Darunter ist zu verstehen, daß dem Anwender nicht mehr ein
einzelnes in sich geschlossenes Simulationswerkzeug zur Verfügung gestellt
wird, sondern eine Simulationsumgebung, in die neben dem eigentlichen
Simulationswerkzeug auf Wunsch zusätzliche Hilfsmittel individuell integriert

werden können. Für das Simulationswerkzeug bedeutet dies, daß es über entsprechende Schnittstellen verfügen muß, um einen Datenaustausch mit anderen Hilfsmitteln zu ermöglichen. Auf diese Weise wird es beispielsweise möglich, dem Anwender die ihm vertrauten Datenauswertungstools für die Auswertung der Simulationsergebnisse zur Verfügung zu stellen. Außerdem muß der Anwender durch die Modularisierung nur den Umgang mit den Hilfsmitteln erlernen, die er für seine Aufgabenstellung benötigt. Der reine Anwender muß also nur wissen, wie er ein Experiment durchzuführen und die Ergebnisauswertung vorzunehmen hat.

Die Erweiterung des Benutzerkreises allein ist jedoch nicht ausreichend, um eine Reduzierung des mit dem Simulationseinsatz verbundenen Aufwandes zu erreichen. Die volle Leistungsfähigkeit der Simulation kann erst genutzt werden, wenn es gelingt, die Simulation in ein gesamtheitliches Datenverarbeitungskonzept zu integrieren. Damit können die Aufwendungen für die Datenerfassung, die nach einer Untersuchung der Universität GH-Siegen /SCHA90/ den größten Zeitanteil in Anspruch nehmen, durch direkten Zugriff auf vorhandene Daten, etwa BDE- oder PPS-Daten, deutlich reduziert werden. Das Ziel dieser Integrationsbemühungen muß sein, Daten nur einmal zu erzeugen und überall dort so aufbereitet zur Verfügung zu stellen, wie sie jeweils gebraucht werden /MILB89/.

In Bild 4-1 sind die aufgeführten allgemeinen Anforderungen an das Ablaufsimulationswerkzeug, die zu einer Zeit- und Kostenreduktion beim Einsatz der Simulation führen, zusammenfassend dargestellt.

## 4.2  Anforderung bei der Durchführung von Materialfluß-untersuchungen

Da, wie bereits erwähnt, die Ablaufsimulation bislang vor allem in diesem Bereich eingesetzt wird, sind die sich ergebenden Anforderungen weitgehend bekannt. Eine ausführlich Darstellung findet sich beispielsweise bei Thim in /THIM91/. An dieser Stelle soll deshalb lediglich eine kurze Zusammenstellung der wichtigsten Anforderungen erfolgen, die sich aus der angestrebten

Wiederverwendung der Simulationsmodelle für unterschiedliche Aufgabenstellungen ergeben.

Um den unterschiedlichen Benutzergruppen gerecht zu werden, muß das Ablaufsimulationswerkzeug einen vordefinierten Satz an Modellbausteinen zur Verfügung stellen, mit dem der Aufbau von Simulationsmodellen möglich ist, die das zeitliche und kapazitive Verhalten des zu modellierenden Systems nachbilden. Die Modellbausteinbibliothek muß erweiterbar und das Verhalten der Bausteine individuell anpaßbar sein. Damit die Simulation während aller Planungsphasen als Entscheidungshilfsmittel eingesetzt werden kann, muß sowohl der Top-Down als auch der Bottom-Up-Ansatz bei der Planung von Produktionssystemen unterstützt werden. Das Simulationswerkzeug muß dementsprechend eine hierarchische Modellierung ermöglichen, die es erlaubt, bestimmte Modellabschnitte mit zunehmenden Planungsfortschritt beliebig zu detaillieren und umgekehrt, vorhandene Teilmodelle zu einem neuen Gesamtmodell zu vereinen. Ein wichtiger Punkt ist auch die Möglichkeit einer flexiblen Nachbildung von Steuerstrategien unabhängig vom Materialfluß. Nur dadurch können alternative Steuerstrategien ohne Veränderungen an der Modellierung des Materialflußsystems miteinander verglichen werden. Für die Zukunft wäre auch ein Instrumentarium wünschenswert, mit dem die entwickelten Steuerstrategien automatisch in die Steuerungssoftware für einen bestimmten Zielrechner umgesetzt werden können /DANG91/.

## 4.3 Anforderungen bei Verwendung als Testumgebung für Steuersoftware

Da die für Materialflußuntersuchungen eingesetzte Modelle als Testumgebung für Steuersoftware weitergenutzt werden sollen, ergeben sich eine Reihe von Zusatzforderungen an das zu entwickelnde Simulationswerkzeug. Dabei kann unterschieden werden zwischen Anforderungen an das Modell, die Benutzerschnittstellen, die Prozeßschnittstellen sowie den eigentlichen Simulator des Simulationswerkzeuges (Bild 4-2).

**Modell**

- flexible Nachbildung von Sensorik
- Trennung Materialfluß - Informationslfuß
- ausreichende Abbildungs- genauigkeit
- keine "Eigenintelligenz"

**Benutzerschnittstellen**

- völlige Transparenz über den Modellzustand
- Prozeßvisualisierung
- gezielter Zugriff auf Modellparameter und -zustände
- Zustandsarchivierung zu definierten Zeitpunkten

**Schnittstellen**

- Entwicklungswerkzeug - Simulation
- Steuerungen - Simulation

**Simulator**

- Start/Stop zu jedem beliebigen Zeitpunkt
- Veränderung von Modellzuständen zur Laufzeit

*Bild 4-2: Anforderungen an das Simulationswerkzeug bei der Verwendung als Testumgebung für Steuersoftware*

Für die Durchführung konventioneller Materialflußuntersuchungen wird die Funktionalität der Steuerungen bzw. die in den Steuerprogrammen hinterlegte Logik im Simulationsmodell nachgebildet. Im Gegensatz dazu werden bei der Entwicklung und beim Test von Steuerprogrammen mit Hilfe der Simulation eine oder mehrere der in der Simulation abgebildeten Steuerungen durch externe Entwicklungswerkzeuge oder reale Steuerungen ersetzt. Damit dies möglich ist, muß innerhalb des Simulationsmodells eine klare Trennung zwischen Material- und Informationsfluß vorgenommen werden. Sollen keine Veränderungen an den Bausteinen für die Abbildung des Materialflußes notwendig sein, müssen darüber hinaus die Schnittstellen zwischen Material- und Informationsfluß innerhalb der Simulation mit den entsprechenden Schnittstellen im realen System übereinstimmen. Beim Ersatz der nachgebildeten Steuerlogik durch die reale Steuerung ist es auch von entscheidender Bedeutung, daß im Simulationsmodell keine "Eigenintelligenz" erhalten bleibt. Werden von der realen Steuerung falsche Steuerbefehle empfangen, dürfen diese nicht durch eine im Modell vorhandene Logik korrigiert werden.

Welche Systemzustände für eine korrekte Steuerung der Produktionszellen erfaßt werden müssen und welche Sensorik folglich zum Einsatz kommt, hängt vom jeweiligen Anwendungsfall ab. Daraus folgt, daß es möglich sein muß, Sensorik innerhalb des Simulationsmodelles flexibel nachzubilden. Eng damit verbunden ist die Forderung nach einer ausreichenden Abbildungsgenauigkeit innerhalb der Simulation. Im Extremfall muß es möglich sein, für den Test von Ablaufvorschriften auf Zellenebene NC-, RC- oder SPS-Programme in ihrem relevanten Verhalten abzubilden.

Um die Simulation für den Test von Steuersoftware einsetzen zu können, muß der Benutzer während des Simulationslaufes über umfangreiche Möglichkeiten der Interaktion mit dem Simulationsmodell verfügen. Daraus ergeben sich erhöhte Ansprüche an den Simulator, der diese interaktive Arbeitsweise unterstützen muß. So muß es möglich sein, zur Laufzeit gezielt Komponenten für bestimmte oder unbestimmte Dauer zu stören. Für die Analyse von Fehlern ist es erforderlich, daß der Steuerungsentwickler die Simulation zu jedem Zeitpunkt anhalten, sich einen Überblick über den aktuellen Wert aller relevanten Modellgrößen verschaffen und dann den Simulationslauf fortsetzen kann. Durch eine entsprechende Prozeßvisualisierung müssen Veränderungen und gegenseitige Abhängigkeit von Modellzuständen während eines Simulationslaufes dargestellt werden. Dazu ist es erforderlich, daß der Entwickler gezielt auf Modellparameter und -zustände zugreifen und sie auf Wunsch visualisieren kann. Auch die Möglichkeit, Modellzustände zu definierten Zeitpunkten zwischenzuspeichern, trägt zu einer schnellen Rekonstruktion von Fehlern bei. Wird die Simulation als Entwicklungs- und Testumgebung eingesetzt, kommt es zu einem intensiven Datenaustausch zwischen Simulation und Entwicklungswerkzeug bzw. Simulation und Steuerungen. Für die Durchführung dieses Datenaustausches müssen entsprechende Schnittstellen und Kommunikationsmechanismen zur Verfügung gestellt werden. Dabei ist besonders zu beachten, daß es durch den Datenaustausch zu keiner Verfälschung des Prozeßabbildes im Simulationsmodell kommt.

## 4.4    Anforderungen beim betriebsbegleitenden Einsatz

Für den Einsatz der Simulation während des Betriebs sind weitere Anforderungen von dem zu entwickelnden Simulationswerkzeug zu erfüllen. So ist eine Prozeßschnittstelle zur on-line-Übernahme des realen Systemzustandes notwendig. Das Simulationsmodell muß, basierend auf diesen Daten, initialisiert werden können, um ausgehend vom aktuellen Zustand des realen Systems den Simulationslauf zu starten. Soll die Simulation als Hilfsmittel für kurzfristige Entscheidungen eingesetzt werden, beispielsweise als Prognoseinstrument beim Auftreten von Störungen, treten erhöhte Ansprüche an die Ant-

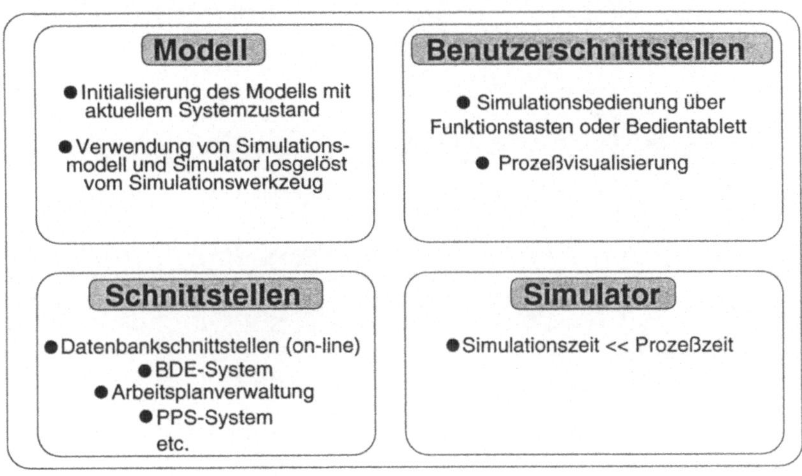


*Bild 4-3:    zusätzliche Anforderungen an die Simulation beim Einsatz während des Betriebs von Produktionssystemen*

wortgeschwindigkeit des Simulationswerkzeuges auf. Hier muß die Simulationszeit wesentlich kleiner als die Prozeßzeit sein. Dabei soll unter Prozeßzeit die Zeit im realen System verstanden werden. Die Anforderungen an die Benutzerfreundlichkeit erhöhen sich nochmals, da während des Betriebs auch Personal ohne Erfahrung im Umgang mit Software mit der Simulation in

Berührung kommt. Ein neues Hilfsmittel wird vom Personal nur dann akzeptiert, wenn es einfach zu bedienen ist. In Bild 4-3 sind die zusätzlichen Anforderungen an Schnittstellen, Benutzerschnittstelle, Simulator und Modelle zusammenfassend abgebildet.

# 5 Konzeption und Systementwurf

Im vorangegangen Kapitel wurde die Bedeutung der Integration der Simulation in ein gesamtheitliches Datenverarbeitungskonzept und des Übergangs vom abgeschlossenen Simulationswerkzeug zur offenen Simulationsumgebung betont. Deshalb wird im vorliegenden Kapitel zunächst die Fabrikplanungsumgebung vorgestellt, in die das zu entwickelnde Simulationswerkzeug integriert werden soll. Danach wird ein Konzept für eine Simulationsumgebung erstellt, die den angestrebten, umfassenden Einsatz der Simulation ermöglicht.

## 5.1 Eine modulare Fabrikplanungsumgebung

### 5.1.1 Gesamtkonzept

In Kapitel 1 wurde die Forderung nach einer Erhöhung der Planungsqualität bei einer gleichzeitigen Verkürzung des Planungszeitraumes erhoben. Eine Erhöhung der Planungsqualität kann neben organisatorischen Maßnahmen vor allem durch den Einsatz modellgestützter Methoden und rechnergestützter, bedienerfreundlicher Planungshilfsmittel erreicht werden. Durch eine datentechnische Kopplung dieser Planungshilfsmittel wird zusätzlich die für die Planung benötigte Zeit reduziert. Zum einen kann dadurch sichergestellt werden, daß alle an der Planung beteiligten Personen mit einem einheitlichen, immer dem aktuellsten Stand entsprechenden Datensatz arbeiten. Zum anderen wird die wiederholte Generierung von Grunddaten vermieden, d.h. einmal generierte Daten können in nachfolgenden Planungsschritten weitergenutzt werden. Um einen redundanzfreien, einheitlichen Datenbestand sicherzustellen, ist die Kopplung über ein Fabrikmodell erforderlich. Das Fabrikmodell umfaßt die zur Herstellung eines Produktes mit entsprechenden Produktionsmitteln notwendigen Informationen.

Durch die Kopplung individueller Planungshilfsmittel über ein Fabrikmodell erfolgt der Übergang vom Einsatz einzelner Planungshilfsmittel zur Planung innerhalb einer Fabrikplanungsumgebung. Da es die Fabrikplanungsumgebung nicht gibt, ist ein modularer Aufbau erforderlich, der eine problemlose Erweiterung um neue Hilfsmittel sicherstellt. Gleichzeitig ist eine individuelle Konfiguration der Planungshilfsmittel abhängig von der Aufgabenstellung möglich. Durch den modularen Aufbau wird außerdem das optimale Ausnutzen vorhandener Rechnerkapazitäten erreicht, indem die einzelnen Anwendungen auf die vorhandene Rechnerlandschaft verteilt werden können. Bei diesem Konzept wird für die Verwaltung der integrierten Werkzeuge ein Hilfsmittel benötigt. Für diese Aufgabe wird ein sogenannter Tool-Manager vorgesehen. Seine Aufgabe besteht darin, dem Benutzer das Starten und Handhaben bzw. Verwalten der Werkzeuge zu ermöglichen und einen Überblick über die Aktivitäten der laufenden Prozesse zu geben.

Das Gesamtkonzept der Fabrikplanungsumgebung, in die das zu entwickelnde Simulationswerkzeug integriert werden soll, sieht also die Kopplung individueller Planungshilfsmittel, die von einem Tool-Manager verwaltet werden, über ein Fabrikmodell vor.

## 5.1.2    Integration über ein Fabrikmodell

Das Kernstück der Fabrikplanungsumgebung stellt ein Fabrikmodell dar, das sich aus den drei Teilmodellen Produkt, Produktionsmittel und Produktionsprozeß zusammensetzt (Bild 5-1). Das Produktmodell umfaßt alle zum Lebenszyklus eines Produktes gehörenden Daten. Es besteht aus einer Reihe von Partialmodellen. Zu den Partialmodellen eines Produktmodells gehören, neben dem Modell zur Beschreibung der Produktgestalt, das technische Gestaltmodell zur Beschreibung der technischen Topologie, das Technologiemodell zur Beschreibung von technischen Informationen der Mikrogeometrie, das Funktionsmodell zur Beschreibung funktionaler Zusammenhänge und das Produktionsmodell zur Beschreibung produktionstechnischer Randbedingungen wie Produktzwischenzustände und zeitliche Abläufe. Um den Austausch von Produktmodellen zwischen unterschiedlichen EDV-Systemen sicherzustellen, wird an der Entwicklung einer genormten Schnittstelle STEP (Standard for the Exchange of Product Model Data) gearbeitet /GRAB89/.

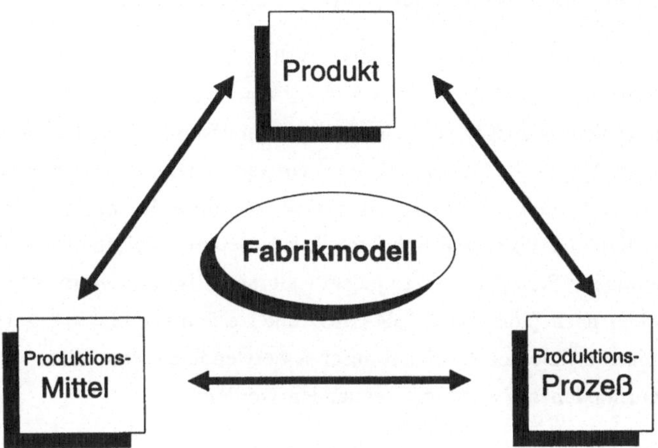


*Bild 5-1:  Teilmodelle des Fabrikmodells /KAIS92/*

Das Modell der Produktionsmittel umfaßt die Informationen, die das Produktionssystem beschreiben, angefangen von Daten über die vorhandenen Gebäude, bis zu Informationen über die einzelnen Maschinen. Schließlich beinhaltet das Modell des Produktionsprozesses alle zur Herstellung eines Produktes notwendigen Informationen, beispielsweise Arbeitspläne und NC-Programme.

Alle Hilfsmittel, die während des gesamten Lebenszyklus eines Produktes für die Planung und die Produktion eingesetzt werden, können aus diesem Fabrikmodell idealerweise ihr vereinfachtes Modell (Partialmodell) ableiten. Dies gilt insbesondere für die eingesetzten Simulationswerkzeuge, die, entsprechend dem erforderlichen Abstraktionsniveau, alle Informationen aus dem Fabrikmodell beziehen können, die für den Aufbau eines geeigneten Simulationsmodells notwendig sind /THIM91/.

Es ist auch sinnvoll, die für den Betrieb des Produktionssystems eingesetzten Hilfsmittel an das Fabrikmodell zu koppeln. Durch die ständige Pflege der Datenbestände während des Betriebs des Produktionssystems wird einerseits die Aktualität der Datenbestände sichergestellt, andererseits wird der Rückfluß von Informationen aus dem Betrieb in die Planung unterstützt.

### 5.1.3 Datenaustausch in der Fabrikplanungsumgebung

Wie bereits zu Beginn dieses Kapitels erwähnt, basiert das Grundkonzept der Fabrikplanungsumgebung auf einem Fabrikmodell, über das individuelle, durch einen Tool-Manager verwaltete Planungshilfsmittel miteinander gekoppelt werden. Durch die Integration über ein Fabrikmodell wird erreicht, daß die zu integrierenden Hilfsmittel neben einer Schnittstelle zum Tool-Manager im Normalfall nur über eine Schnittstelle zu diesem Fabrikmodell und nicht über individuelle Schnittstellen zu jedem anderen Hilfsmittel verfügen müssen. Dabei sollen nach Grabowski /GRAB89/ unter Schnittstellen "die zur Realisierung eines effizienten Datenaustausches notwendigen Vereinbarungen zwischen verschiedenen Systemen" verstanden werden.

Die einzelnen Hilfsmittel stellen datentechnisch gesehen einzelne Prozesse dar. Werden zwischen zwei Prozessen Daten ausgetauscht, so kommunizieren sie miteinander. Dieser Datenaustausch wird als Interprozeßkommunikation (IPC) bezeichnet. Bei dem bisher vorgestellten Konzept für eine Fabrikplanungsumgebung kommunizieren alle Planungshilfsmittel mit dem Fabrikmodell und dem Tool-Manager. Ein Datenaustausch zwischen zwei Hilfsmitteln erfolgt üblicherweise über das Fabrikmodell. Sollen mehrere verteilte Einzelsysteme allerdings ereignisorientiert zusammenarbeiten, wie das beim Einsatz der Ablaufsimulation als Testumgebung für Steuersoftware der Fall ist, reicht diese im CIM-Bereich übliche lose Kopplung über gemeinsame Datenbestände nicht aus. Dafür ist eine enge Kopplung über direkte Kommunikationskanäle und zusätzliche Schnittstellen erforderlich.

Für den Verbindungsaufbau zwischen den verschiedenen Werkzeugen existieren mehrere Möglichkeiten. Die einfachste Möglichkeit besteht darin, statische Verbindungen zwischen allen Werkzeugen herzustellen, die am Datenaustausch beteiligt sind. Mit zunehmender Anzahl an integrierten Werkzeugen würde diese Vorgehensweise allerdings zu einem erheblichen Verwaltungsaufwand für die Aufrechterhaltung der Verbindungen führen. Dies kann dadurch verhindert werden, daß, wie Burger /BURG92/ beschreibt, ein sogenannter Verbindungsmanager eingesetzt wird, an den die einzelnen Tools einen Kommunikationswunsch melden. Der Verbindungsmanager stellt dann die gewünschte Verbindung her. Dies führt zu einer Reduzierung der geöffneten Verbindungen. Im Zusammenhang mit dem Test von Steuersoftware, bei dem ein Datenaustausch mit vielen Steuerungen stattfinden kann, ist der Verwaltungsaufwand

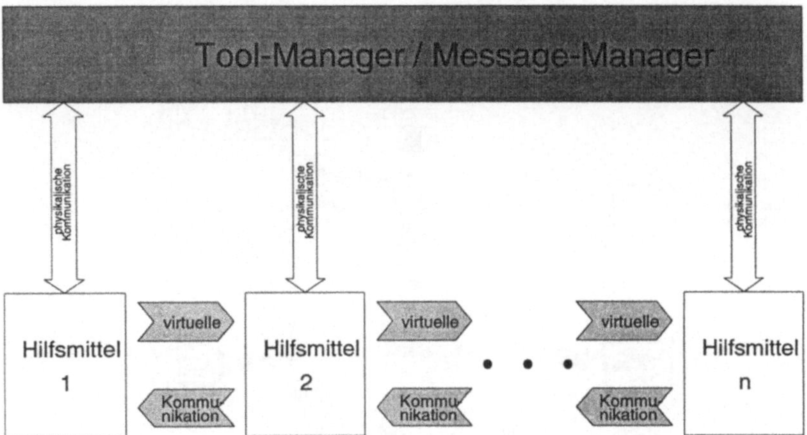



*Bild 5-2:   Datenaustausch innerhalb der Fabrikplanungsumgebung*

aber immer noch erheblich. Als Lösungsansatz, der diesen Nachteil umgeht, wird in dieser Arbeit ein sogenannter Message-Manager verwendet. Der besondere Vorteil dieses Ansatzes besteht darin, daß die in die Fabrikplanungsumgebung integrierten Werkzeuge ausschließlich über eine Verbindung zu diesem Message-Manager verfügen. Soll ein Datenaustausch mit anderen Werkzeugen stattfinden, werden die Daten zusammen mit Angaben über die gewünschte Zieladresse an den Message-Manager geschickt, der für die korrekte Weiterleitung der Daten sorgt. Da bereits eine ständige Verbindung zum Tool-Manager besteht, ist es naheliegend, diesem zusätzlich die Aufgabe des Message-Managers zu übertragen. "Physikalische Kommunikation" findet somit nur noch zwischen dem jeweiligen Werkzeug und dem Tool-Manager statt, logisch betrachtet kommunizieren die Werkzeuge jedoch direkt miteinander (Bild 5-2).

### 5.1.4  Die integrierten Hilfsmittel

In Bild 5-3 wird die Umsetzung des beschriebenen Konzeptes aufgezeigt. Die integrierten Hilfsmitteln werden dabei für die im folgenden beschriebenen Aufgaben eingesetzt.

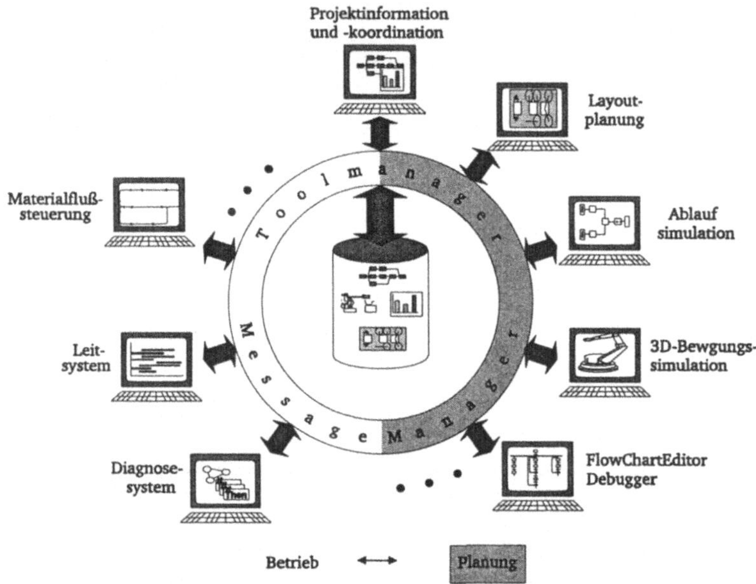


*Bild 5-3:  Gesamtkonzept für die Fabrikplanungsumgebung und integrierte Hilfsmittel*

Wie bereits betont, müssen neben einer Integration der am Produktentstehungsprozeß beteiligten Hilfsmittel auch die organisatorischen Voraussetzungen für eine integrierende, abteilungsübergreifende Arbeitsweise gegeben sein. Ein wesentlicher Punkt hierzu ist die Schaffung von Informations- und Koordinationswerkzeugen, die eine transparente Projektstrukturierung und -fortschrittsverfolgung zulassen und eine interdisziplinäre Zusammenarbeit unterstützen. Dazu gehört auch die Verwaltung von Projekt- und Bestandsdaten.

Ein solches Instrument stellt das integrierte Projektleitsystem dar /SCHO91/. Im einzelnen erfüllt das Projektleitsystem folgende Aufgaben:

- organisatorische und zeitliche Koordination der Abteilungen,

- Erhöhung der Projekt- und Planungstransparenz,

- Beschleunigung des Datenaustausches,

- Dokumentation von Erfahrungswissen sowie

- selektive Informationsbereitstellung.

Für die Ideal- und Groblayoutplanung wird das Planungswerkzeug PLATO-MAP /JAEG90/ in die Fabrikplanungsumgebung integriert. Es unterstützt den Planer bei der systematischen Erarbeitung alternativer Anlagenlayouts, indem es in einem ersten Schritt für die zu planende Anlage zunächst einen abstrakten Funktionsstrukturplan erstellt, dessen Elementen erst im zweiten Schritt Betriebsmittel zugeordnet werden.

Für die Untersuchung der dynamischen Zusammenhänge innerhalb des geplanten Produktionssystems wird das im Rahmen dieser Arbeit entwickelte Ablaufsimulationswerkzeug eingesetzt.

Die Planung des Feinlayouts ist sehr komplex und erfordert vom Planer ein hohes Maß an räumlichem Vorstellungsvermögen. Als Hilfsmittel für die Feinplanung, bei der das primäre Ziel die Auswahl und Anordnung der einzelnen Systemkomponenten im Raum ist, dient das 3D-Bewegungssimulationswerkzeug USIS. In einem nächsten Schritt kann USIS für die Offline-Programmierung der verwendeten Handhabungsgeräte eingesetzt werden.

Für die schnelle Erstellung der Ablaufvorschriften auf Zellenebene benötigt der Planer ein geeignetes Hilfsmittel, mit dem er graphisch interaktiv, durch die Auswahl geeigneter Strukturelemente, die gewünschten Steueralgorithmen beschreiben kann. Die Umsetzung der auf diese Art beschriebenen Steueralgorithmen in die Zielsprache der eingesetzten Steuerungen muß automatisch erfolgen. Der in der hier vorgestellten Entwicklungsumgebung eingesetzte Flußdiagrammeditor (FlowChartEditor - fce) stellt dem Planer die in Bild 5-4 aufgeführten Strukturelemente nach DIN 66262 zur Verfügung, mit deren

Hilfe beliebige Steueralgorithmen in Form eines Programmablaufplans abbildbar sind. Es kann zwischen einer einzelnen Aktion und den Kontrollstrukturen

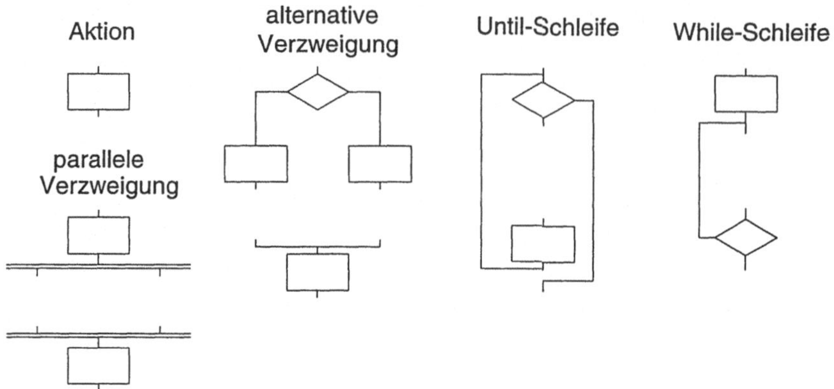


*Bild 5-4:    Strukturelemente nach DIN 66262 für die Beschreibung von Steueralgorithmen*

unterschieden werden, die die Ausführung von Aktionen steuern, d.h. angeben ob bzw. wie oft Aktionen ausgeführt werden sollen. Für die Abbildung von Steueralgorithmen besonders wichtig ist das Konstrukt "parallele Verzweigung", mit dem die parallele Ausführung von Aktionen in der Produktion berücksichtigt werden kann. Durch die Einschränkung auf diese in der Informatik als "Lineare Kontrollstrukturen" bekannten Elemente und die automatische Umsetzung in Steuersoftware wird eine strukturierte Programmierung sichergestellt. Durch die Anleitung zur strukturierten Programmierung werden schon bei der Programmerstellung eine Reihe von Fehlern vermieden.

Der integrierte Debugger ermöglicht die sogenannte Instrumentierung der Ablaufvorschriften, d.h., es können an beliebiger Stelle Unterbrechungen und Zähler gesetzt werden. Damit wird eine gezielte Fehlersuche möglich. Für Test und Bewertung der erstellten Ablaufvorschriften eignen sich, je nachdem ob Kollisionsbetrachtungen eine Rolle spielen oder nicht, die mit Hilfe der integrierten Simulationswerkzeuge für Ablaufsimulation und 3D-Bewegungs-simulation erstellten Simulationsmodelle.

Eine Kopplung der für die Betriebsphase von Produktionssystemen vorge-sehenen Hilfsmittel an das Fabrikmodell ist ebenfalls sinnvoll. Beispielsweise wird damit die schnelle Konfigurierung von Systemen zur Fehlerdiagnose ermöglicht. Diese Systeme stellen ein effizientes Mittel dar, um Stillstands-zeiten in der automatisierten Produktion zu reduzieren /FELD90/. Eine Viel-zahl diagnoserelevanter Daten wie Stücklisten, Layouts, Prozeßablaufpläne etc. liegen im Fabrikmodell vor. Ähnlich wie für die Konfigurierung des Diagnosesystems sind auch für die Konfigurierung der im Produktionssystem eingesetzten Steuerungen anlagenspezifische Daten erforderlich, die im Fa-brikmodell hinterlegt sind. Wie bereits erwähnt, können neben dem Fabrik-modell auch die erstellten Simulationsmodelle während des Betriebs der An-lage weitergenutzt werden. So kann das während der Planung erstellte Ablaufsimulationsmodell im Leitsystem weitergenutzt werden. Dem Leitsy-stem kommt die Aufgabe der Planung und Abwicklung der Fertigungsaufträge unter Berücksichtigung vorgegebener Randbedingungen (z.B. Eckterminen) zu. Mit Hilfe der Simulation ist eine Verifikation der erstellten Prozeßablauf-pläne vor ihrer Durchsetzung im realen System möglich.

## 5.2 Konzeption einer Simulationsumgebung

### 5.2.1 Eingrenzung der Aufgabenstellung

Im vorangegangenen Kapitel wurde das Grundkonzept der Fabrikplanungs-umgebung vorgestellt. Für die vollständige Integration der Ablaufsimulation in diese Fabrikplanungsumgebung sind eine Reihe von Teilaufgaben zu lösen (vgl. Kapitel 4), deren vollständige Bearbeitung den Umfang dieser Arbeit sprengen würde. Deshalb erfolgt an dieser Stelle eine Eingrenzung der Auf-gabenstellung in der Art, daß auf eine Kopplung zum Fabrikmodell und damit die Möglichkeit eines automatischen Modellaufbaus zunächst verzichtet wird. Eine Lösung dieser Problemstellung wurde bereits von Thim erarbeitet

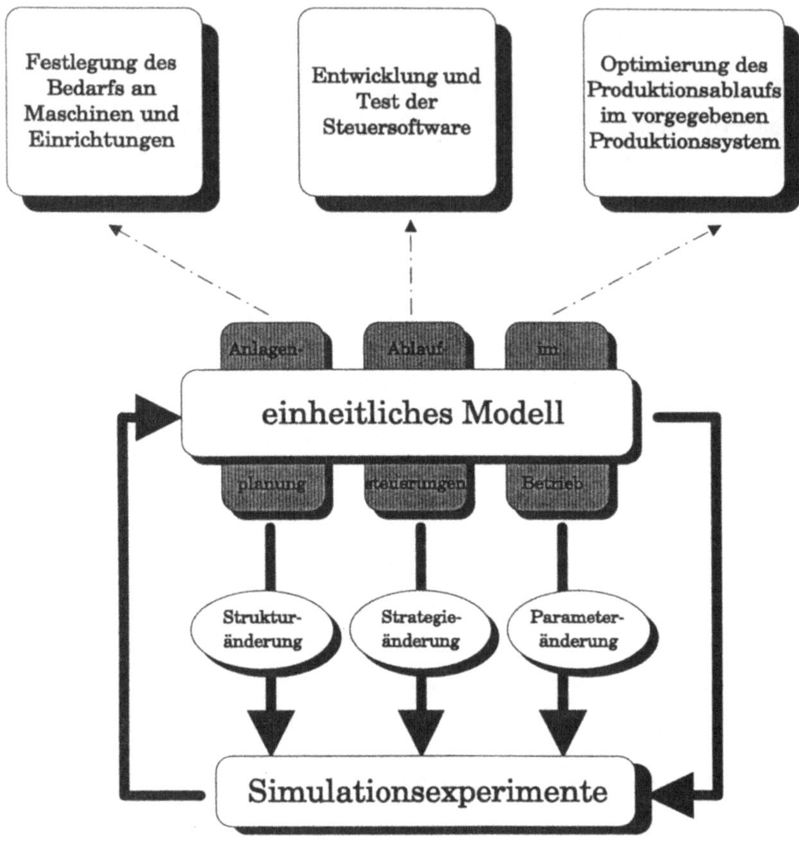


*Bild 5-5:   Wiederverwendung von Modellen für unterschiedliche Aufgaben-*
*stellungen*

/THIM91/. Der Schwerpunkt der vorliegenden Arbeit liegt auf der Entwicklung einer offenen, modularen Simulationsumgebung, in der die Ablaufsimulation für die im folgenden beschriebenen Aufgabenstellungen verwendet wird (Bild 5-5). Die Simulation wird zunächst während der Anlagenplanung für die Durchführung konventioneller Materialflußuntersuchungen eingesetzt. Mit Hilfe des mit Abschluß der Anlagenplanung vorliegende Modells wird nach

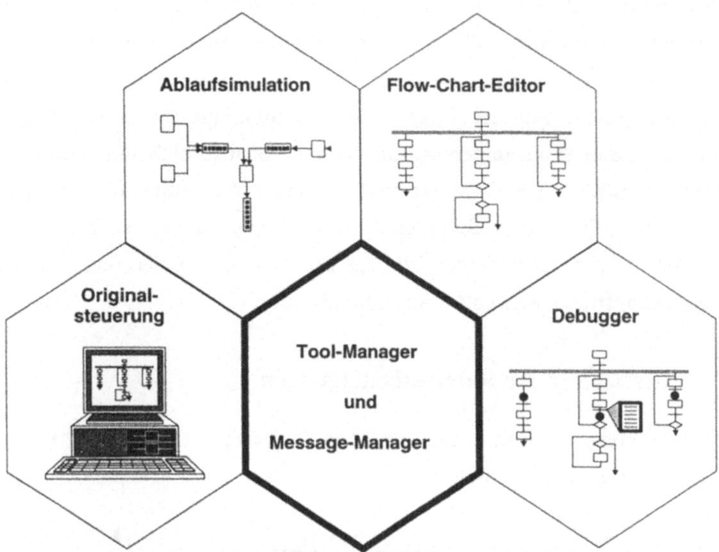


*Bild 5-6: Die implementierte Simulationsumgebung*

einer entsprechenden Detaillierung die Entwicklung und der anschließende Test der auf Zellenebene benötigten Steuersoftware vorgenommen. Dieses Modell kann für den anschließenden Betrieb der Anlage weitergenutzt werden. Mit der Entwicklung dieser Simulationsumgebung erfolgt der Übergang von der bisherigen "Wegwerfsimulation" hin zum durchgängigen Einsatz der Ablaufsimulation während aller Lebensphasen eines Produktionssystems.

Um diesen durchgängigen Einsatz der Simulation zu ermöglichen, wird die in Bild 5-6 dargestellte Simulationsumgebung aufgebaut. Dabei handelt es sich um ein Teilsystem der gesamten Fabrikplanungsumgebung. Sie setzt sich aus dem zu entwickelnden Simulationswerkzeug, den für die Entwicklung von Steuersoftware eingesetzten Komponenten Flußdiagrammeditor und Debugger sowie der für die Steuerung der Anlage eingesetzten Originalsteuerung zusammen. Die einzelnen Hilfsmittel sind über Tool- und Message-Manager gekoppelt.

Für das Simulationswerkzeug ergeben sich somit die folgenden Entwicklungs-schwerpunkte. Zunächst muß eine Modellierungsmethode entwickelt werden, die die Wiederverwendung einmal erstellter Modelle für neue Aufgabenstel-lungen ermöglicht. Für die Integration des Simulationswerkzeuges in die vorgestellte Simulationsumgebung und den Datenaustausch mit den anderen Hilfsmitteln müssen Schnittstellen und geeignete Kommunikationsmechanis-men bereitgestellt werden. Schließlich müssen, wie bereits erwähnt, Benutz-eroberflächen entworfen werden, die auf die sehr unterschiedliche Qualifika-tion der zukünftigen Anwender abgestimmt sind.

## 5.2.2 Festlegung der Rahmenbedingungen

Zunächst werden die Rahmenbedingungen festgelegt, die ein geeignetes Si-mulationssystem erfüllen muß.

### 5.2.2.1 Festlegung der Implementierungsebene

Nach Schmidt /SCHM88/ kann Simulationssoftware entsprechend ihrem Ab-straktionsgrad in vier Ebenen unterteilt werden (Bild 5-7). Ebene 0 kenn-zeichnet die Ebene der Systemimplementierungssprachen. Auf Ebene 1 werden erste Basiskomponenten angeboten, die die Modellierung dynamischer Syste-me erleichtern (z.B. Ereignislistenverwaltung). Simulationssprachen, die der Ebene 2 angehören, stellen dem Anwender für bestimmte Modellklassen schon spezielle Sprachkonstrukte und Funktionen, z.B. zur Abbildung von Zustands-übergängen, zur Verfügung. Der Anwender codiert das Modell mit Hilfe von Anweisungen, die denen gewöhnlicher Programmiersprachen ähneln, aber in der Regel den Anforderungen der Simulation angepaßt und leicht erlernbar sind. Schließlich können mit Simulationswerkzeugen auf Ebene 3 durch Kom-bination sehr spezifischer, in ihrem Verhalten nicht anpassungsfähiger Bau-steine, Modelle ohne besondere Simulationskenntnisse aufgebaut werden. Der Anwender wählt die benötigten Bausteine aus, paßt sie den gestellten Anfor-derungen durch Parametrisierung an, verbindet sie in geeigneter Form und erhält so ein ablauffähiges Simulationsprogramm.

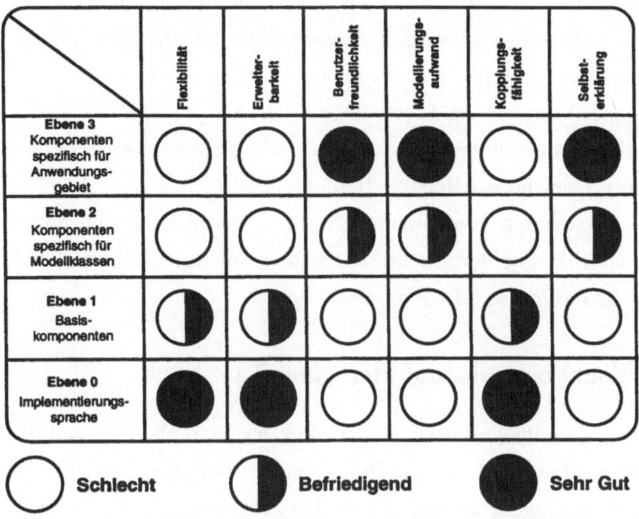



*Bild 5-7: Einteilung und Bewertung von Simulationssoftware*

In Bild 5-7 wird zusätzlich eine Bewertung der Simulationswerkzeuge auf den verschiedenen Implementierungsebenen bezüglich Flexibilität, Erweiterbarkeit, Benutzerfreundlichkeit, Modellierungsaufwand, Kopplungsfähigkeit zu anderen Hilfsmitteln und Selbsterklärungsfähigkeit vorgenommen. Simulatoren der Ebenen 0 und 1 erlauben einerseits die Modellierung beliebiger Systeme, bieten aber andererseits kaum Unterstützung beim Aufbau von Simulationsmodellen und erfordern gute Programmierkenntnisse, so daß sie in Anbetracht des angestrebten Benutzerkreises nicht in Frage kommen. Systeme der Ebene 2 bieten zwar eine vergleichbare Modellierungsflexibilität wie Systeme der Ebene 0 und 1, kommen aber ebenfalls aufgrund der eingeschränkten Benutzerfreundlichkeit nicht in Frage. Der große Vorteil der bausteinorientierten Systeme auf Ebene 3 ist die Möglichkeit der "graphischen Programmierung". Ein ablauffähiges Simulationsprogramm kann durch Verknüpfung bereits bestehender Bausteine erzeugt werden. Damit erfüllen diese Systeme die gestellten Anforderungen bezüglich der Benutzerfreundlichkeit. Ihr Nachteil ist allerdings die geringe Flexibilität bei der Modellerstellung.

Sobald Funktionalitäten abgebildet werden sollen, die über die Grundfunktio-
nalitäten der vorhandenen Bausteine hinausgehen, müssen diese derzeit, sofern
dies überhaupt möglich ist, über Schnittstellen in einer Implementierungssprache
auf Ebene 0 oder 1 realisiert werden. Um die geforderte Wiederverwendung der Simulationsmodelle für unterschiedliche Aufgabenstellungen unter
Beibehaltung einer hohen Benutzerfreundlichkeit zu erreichen, muß es gelingen, die Eigenschaften von Simulatoren der Ebene 2 bezüglich ihrer Modellierungsflexibilität mit der Benutzerfreundlichkeit der Systeme auf Ebene 3
in einem Simulationswerkzeug zu vereinen.

### 5.2.2.2    Funktions- oder objektorientiert?

Im letzten Abschnitt wurde abgeleitet, daß der Modellaufbau mit Hilfe von
Bausteinen erfolgen soll. In der Praxis haben sich zwei verschiedene Bau-
steinsysteme durchgesetzt. Bei der funktionsorientierten Beschreibungsform
stellt ein Baustein eine bestimmte Funktion dar, wie z.B. lagern oder fertigen,
während bei der objektorientierten Beschreibung ein Baustein einem bestimmten Objekt entspricht, beispielsweise einer Bearbeitungsmaschine. Die funktionsorientierte Darstellung kommt mit sehr wenigen Bausteinen (fördern,
bearbeiten, montieren, lagern, prüfen, etc.) aus. Mit Hilfe dieser Bausteine
sind im Prinzip beliebige diskrete Stückgutprozeße modellierbar. Der hohe
Abstraktionsgrad unterstützt eine Konzentration auf wertschöpfende Prozesse,
da unwirtschaftliche Funktionen, wie lagern und transportieren, unmittelbar
zu Tage treten. Dies ist aber gleichzeitig auch einer der gravierenden Nachteile
der Funktionsorientierung. Da der Planer keinen Einblick in die wirkliche
Funktionsweise seiner Anlage bekommt, sind die Ergebnisse einer so durchgeführten Simulationsstudie unter Umständen nur schwer auf die reale Anlage
übertragbar. Außerdem ist der Planer aufgrund des hohen Abstraktionsgrades
über die gesamte Modellierungsphase auf die Unterstützung durch einen Simulationsexperten angewiesen. Ein Modelleinsatz während des Betriebs der
realen Anlage ist kaum möglich, da der Bediener vor Ort in der Regel nicht
über das nötige Wissen verfügt, um abstrakte Funktionsmodelle zu erfassen.

Beim objektorientierten Ansatz werden demgegenüber die einzelnen Objekte der realen Anlage abgebildet, wie z.B. eine Bearbeitungsmaschine oder ein Fließband. Die objektorientierte Modellierung findet auf einem wesentlich niedrigeren Abstraktionsniveau statt als die funktionsorientierte. Sie ist daher sowohl für den Planer als auch für den Ingenieur oder Meister im Betrieb unmittelbar verständlich. Dadurch wird eine weitgehende Modellierung durch den Anwender der Simulation ermöglicht. Der Simulationsexperte wird noch für die Anpassung einzelner Bausteine an das Spezialverhalten der realen Objekte benötigt. Darüberhinaus sind durch die 1:1-Abbildung des realen Systems im Modell Ergebnisse relativ leicht in die Realität übertragbar. Einzelne Objekte und die mit ihnen verbundenen Probleme sind direkt zu identifizieren. Eine objektorientierte Modellierung bietet weiter den Vorteil, daß das Zusammenspiel der einzelnen Objekte in der realen Anlage leichter zu durchschauen ist. Die Anlagennutzer können so einen tieferen Einblick in die Funktionsweise und Systemzusammenhänge "ihrer" Anlage erhalten.

Den Vorteilen der objektorientierten Bausteine, leichte Verständlichkeit und einfache Modellierung, steht als wesentlicher Nachteil die fehlende Vollständigkeit gegenüber. Jeder noch so ausgeklügelte Modellbaukasten muß zwangsläufig unvollständig sein und dies um so mehr, je niedriger das Abstraktionsniveau ist. Dies bedeutet, daß ein objektorientierter Modellbaukasten ohne Veränderungen weniger Systeme abbilden kann als ein funktionsorientierter. Dieser Nachteil ist nur dann gravierend, wenn die Bausteinbibliothek nicht modifizierbar und ergänzbar ist. Eine von einem Simulationsexperten modifizierbare Bausteinbibliothek, die im Normalfall durch den Anwender direkt eingesetzt werden kann, ist einer umfangreicheren Bibliothek vorzuziehen.

Aufgrund der guten Verständlichkeit und der leichten Modellierbarkeit soll das zu entwickelnde System auf dem objektorientierten Ansatz basieren. Gelingt es, die zuvor erhobene Forderung nach Modellierungsflexibilität bei einer hohen Benutzerfreundlichkeit zu erreichen, ist auch beim objektorientierten Ansatz die erforderliche Flexibilität sichergestellt. Selbst wenn im Einzelfall Änderungen oder Ergänzungen durch einen Simulationsexperten notwendig sein sollten, ist der Gesamtaufwand zur Modellerstellung doch geringer als bei einem funktionsorientierten Baukasten, bei dem der Experte durchgängig mitarbeiten muß.

### 5.2.3    Auswahl einer geeigneten Modellierungsmethode

Aus dem vorangegangenen Kapitel geht hervor, daß beim durchgängigen Einsatz der Simulation für unterschiedliche Aufgabenstellungen ein objektorientierter Bausteinsimulator notwendig ist, dessen Bausteinbibliothek modifizierbar und ergänzbar ist. Die Entwicklung eines derartigen Simulationswerkzeuges ist mit Hilfe von Methoden aus dem Gebiet der Wissensverarbeitung möglich. Simulationssysteme, die basierend auf diesen Methoden entwickelt werden, bezeichnet man als "wissensbasierte Simulationssysteme" (engl.: knowledge-based simulation) /KLAH81/. Der Begriff "wissensbasierte Systeme" kennzeichnet einen neuen Ansatz zur Entwicklung von Software-Systemen, der seinen Ausgangspunkt in andersartigen Programmierstilen, insbesondere in logischer, funktionaler und objektorientierter Programmierung besitzt. Im Gegensatz zu bisherigen Programmiermethoden, bei denen Wissen implizit im Code eines Programmes zusammengefaßt wurde, wird es in wissensbasierten Systemen in Wissenskomponenten, sogenannten Wissensbasen, zusammengefaßt. Das Wissen besteht aus Regeln und Fakten, die als Objekte abgelegt werden können. Die in einer Wissensbasis gespeicherten Objekte werden durch objektorientierte Programmiermethoden bearbeitet und aktualisiert. Die objektorientierte Methode eignet sich gut für große Programme mit inhärenter Parallelität, insbesondere Simulationsverfahren /HEIN88/. Bei einem objektorientierten System werden alle relevanten Komponenten wie auch die Funktionen des technischen Systems durch Objekte repräsentiert. Üblicherweise werden Klassen zur Beschreibung der Komponententypen definiert. Durch Instantiierung wird anhand der Typen ein Abbild des modellierten technischen Systems auf dem Rechner erzeugt. Durch Vererbung lassen sich Analogien zwischen den modellierten Komponenten spezifizieren und ausnutzen, durch Nachrichten der Informationsfluß zwischen den Komponenten. Die durch Vererbung und Nachrichtenaustausch definierten Strukturen sind gut mit den tatsächlichen Strukturen des modellierten technischen Systems vergleichbar /HERD90/. Als weitere wesentliche Vorteile der objektorientierten Programmierung führt Barth /BART88/ an, daß diese einen modularen Entwurf, die Wiederverwendung von existierendem Code und die Erweiterbarkeit von Software gut unterstützt. Bild 5-8 gibt einen Überblick über die Grundbegriffe des objektorientierten Programmierens /HÄNS88/.

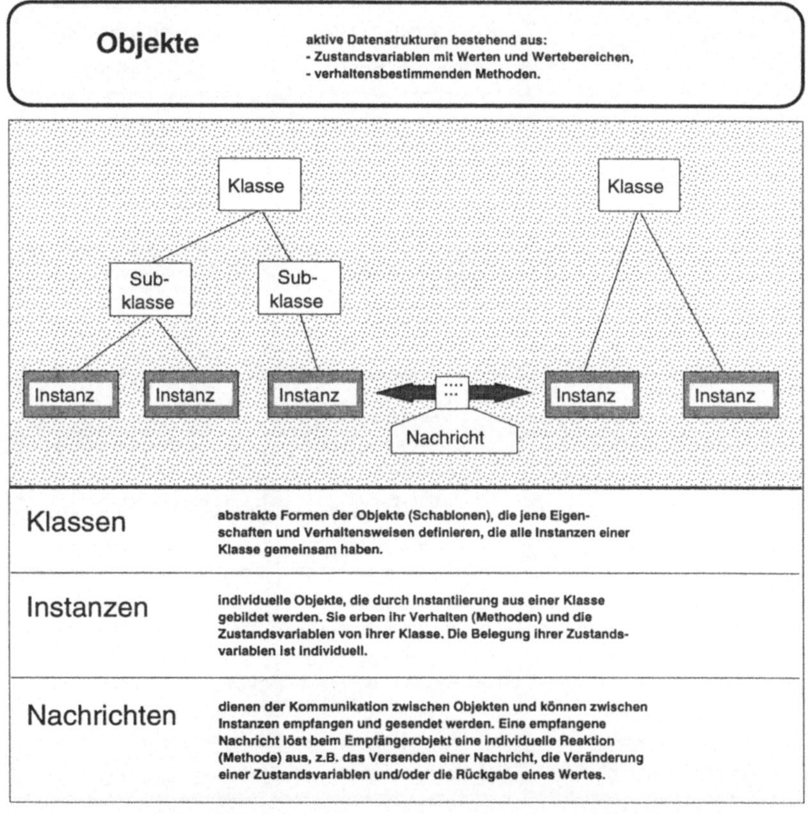


*Bild 5-8:  Grundbegriffe der objektorientierten Programmierung /HART91/*

### 5.2.4  Vergleich von herkömmlicher und wissensbasierter Simulation

In Bild 5-9 sind herkömmliche und wissensbasierte Simulation gegenüberge-
stellt. Obwohl jedes Simulationsprogramm das für die Fragestellung relevante
Wissen über das zu untersuchende System enthalten muß, kann man konventionelle Simulationsprogramme nicht als wissensbasiert bezeichnen
/HARD88/. Wissensbasiert ist ein Simulationsprogramm nur dann, wenn das

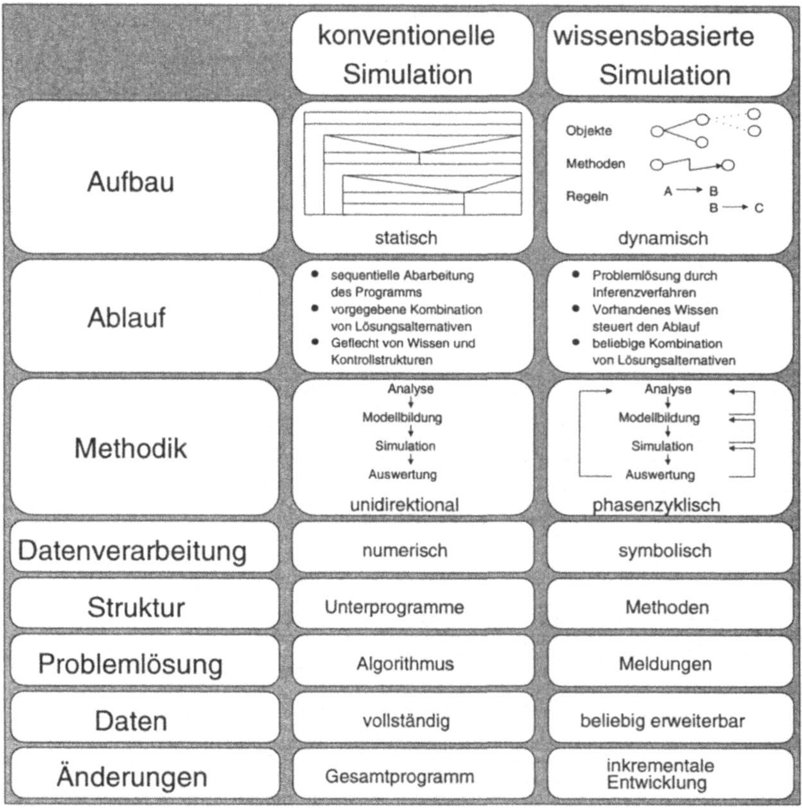

| | konventionelle Simulation | wissensbasierte Simulation |
|---|---|---|
| Aufbau | statisch | Objekte<br>Methoden<br>Regeln A → B, B → C<br>dynamisch |
| Ablauf | • sequentielle Abarbeitung des Programms<br>• vorgegebene Kombination von Lösungsalternativen<br>• Geflecht von Wissen und Kontrollstrukturen | • Problemlösung durch Inferenzverfahren<br>• Vorhandenes Wissen steuert den Ablauf<br>• beliebige Kombination von Lösungsalternativen |
| Methodik | Analyse → Modellbildung → Simulation → Auswertung<br>unidirektional | Analyse → Modellbildung → Simulation → Auswertung<br>phasenzyklisch |
| Datenverarbeitung | numerisch | symbolisch |
| Struktur | Unterprogramme | Methoden |
| Problemlösung | Algorithmus | Meldungen |
| Daten | vollständig | beliebig erweiterbar |
| Änderungen | Gesamtprogramm | inkrementale Entwicklung |

*Bild 5-9:  Gegenüberstellung konventioneller und wissensbasierter Simula-
tion  /MILB87/*

Wissen unabhängig von der Ablaufstruktur des Simulationsprogrammes verwaltet wird. Die Wissensbasis enthält neben verschiedenen Fakten über jede Einheit im System Wissen über die Beziehungen zu anderen Objekten. Bei konventionellen Simulationsprogrammen ist das Wissen eng mit der Ablaufstruktur verknüpft. Damit ist der Nachteil verbunden, daß eine Änderung dieses Wissens nur durch Eingriff in das Simulationsprogramm durchgeführt werden kann. Häufig hat dies keine inkrementale Änderung, sondern eine Neuprogrammierung zur Folge. Damit ermöglicht die Modellbildung mit einem wissensbasierten System eine größere Freiheit im Modellaufbau als die Modellbildung mit einem konventionellen Simulator. Ein weiterer Vorteil besteht darin, daß die in realen Prozessen vorkommenden vagen Daten und Heuristiken mittels wissensbasierter Methoden aufbereitet und gewichtet werden können. Damit ist es möglich, eine Evaluierung auch konkurrierender Zielkriterien zu erreichen. Der multifunktionale Charakter des Modells erlaubt es, dieses nicht nur für die Anlagenplanung, sondern auch für die Fertigungsregelung oder Fehlerdiagnose als Ausgangsbasis zu verwenden. Schließlich besteht auch ein wesentlicher Unterschied in der Art der zu bearbeitenden Daten. Die konventionelle Datenverarbeitung basiert auf numerischen Größen, während im Bereich der Wissensverarbeitung vor allem symbolische Größen verarbeitet werden. Insgesamt erweitern wissensbasierte Methoden die Möglichkeiten der Informationsverarbeitung auf Aufgabengebiete, die mit konventionellen Methoden nur schwer gelöst werden können /MILB87/.

## 5.3 Schnittstellen und Interprozeßkommunikation (IPC)

### 5.3.1 Die Schnittstellen des Simulationswerkzeuges

Für den Einsatz der Simulation in der vorgestellten Simulationsumgebung (vgl. Kapitel 5.2.1) sind Schnittstellen zum Tool-Manager, zum Flußdiagrammeditor und zu den Originalsteuerungen erforderlich. Die Schnittstelle zu der im Rahmen dieser Arbeit eingesetzten von Groha /GROH88/ entwickelten Originalsteuerung ist identisch mit der Schnittstelle zum Flußdiagrammeditor. Damit entfällt die Notwendigkeit der Definition einer entsprechenden Schnittstelle.

Über die Schnittstelle zum Tool-Manager erfolgt die Verwaltung des Simulationswerkzeuges. Der Tool-Manager verwaltet alle Hilfsmittel der Planungsumgebung in einer Prozeßliste. Jeder Eintrag in dieser Liste entspricht einem laufenden Prozeß und hält werkzeugspezifische Informationen fest. Will der Anwender ein bestimmtes Hilfsmittel benutzen, kann er über eine Menüleiste im Tool-Manager das gewünschte Hilfsmittel auswählen. Wird ein neuer Prozeß gestartet, erhält die Prozeßliste einen neuen Eintrag und auf dem Zielrechner wird der Auftrag zur Initiierung des Programms sowie zur Öffnung der Verbindung gegeben. Ist die Initialisierungsphase des Hilfsmittels abgeschlossen, meldet es dem Manager den Übergang in den Wartezustand.

Möchte der Anwender also das entwickelte Simulationswerkzeug einsetzen, wählt er im Tool-Manager den Menüpunkt Ablaufsimulation aus. Der Tool-Manager löst dann über die Schnittstelle Tool-Manager - Ablaufsimulation zunächst den "Start" des Simulationswerkzeuges aus. Nachdem die Initialisierungsphase abgeschlossen ist, schickt das Simulationswerkzeug eine "Bereitmeldung". Ist die Simulationsanwendung abgeschlossen, wählt der Benutzer innerhalb der Simulation den Menüpunkt Ende an. Dies löst eine "Abbruchaufforderung" an den Tool-Manager aus. Der Tool-Manager löst dann durch ein "Stop"-Signal den Abbruch des Simulationsprozesses aus.

Soll die Simulation als Entwicklungs- oder Testumgebung für Steuersoftware eingesetzt werden, ist für den dann erforderlichen Datenaustausch zwischen Simulation und Flußdiagrammeditor/Debugger (fce) bzw. Originalsteuerung eine direkte Kopplung der Tools über den Message-Manager erforderlich. Bei der Abarbeitung einer Ablaufvorschrift werden, abhängig vom Eintreffen bestimmter Systemzustände, Aktionen, z.B. das Starten eines NC-Programmes, im Produktionssystem ausgelöst. Über die Schnittstelle zwischen Flußdiagrammeditor (Debugger) und Simulationswerkzeug werden demnach folgende Nachrichten verschickt:

fce -> Simulation: AktionsAusführung

BedingungsTest

Simulation -> fce: AktionsRückmeldung

BedingungsRückmeldung

Mit dem Befehl "AktionsAusführung" wird eine Aktion im Simulationsmodell ausgelöst, deren Beendigung durch eine "AktionsRückmeldung" an den Flußdiagrammeditor zurückgemeldet wird. Treten in der Ablaufvorschrift Bedingungsabfragen in Form von Weiterschaltbedingungen, bedingten Verzweigungen oder Schleifen auf, löst die Ablaufvorschrift einen "BedingungsTest" aus, den die Simulation mit einer "BedingungsRückmeldung" quittiert.

## 5.3.2 Interprozeßkommunikation zwischen Simulation und anderen Planungshilfsmitteln

Wie bereits erwähnt, stellen die einzelnen Planungshilfsmittel eigenständige Prozesse dar, die auch auf unterschiedlichen Rechnern ablaufen können. Bedingt durch diese Verteilung des Planungssystems auf verschiedene Prozesse ist eine Kommunikation zwischen den Prozessen nötig (Inter Process Communication, IPC), die folgenden Kriterien genügt:

- Kommunikation über Rechnergrenzen hinweg,
- synchrone und asynchrone Kommunikation,
- Übermittlung komplexer Datenstrukturen.

Bei der Interprozeßkommunikation zwischen Simulation und Flußdiagrammeditor sowie Originalsteuerung muß zusätzlich darauf geachtet werden, daß es durch den Datenaustausch zu keiner Verfälschung der Simulationsergebnisse kommt. Werden während eines Simulationslaufes aufgezeichnete Daten in eine Datenbank geschrieben, hat dies keine Verfälschung der Simulationsergebnisse zur Folge, da sich der Datenbankprozeß und der Simulationsprozeß

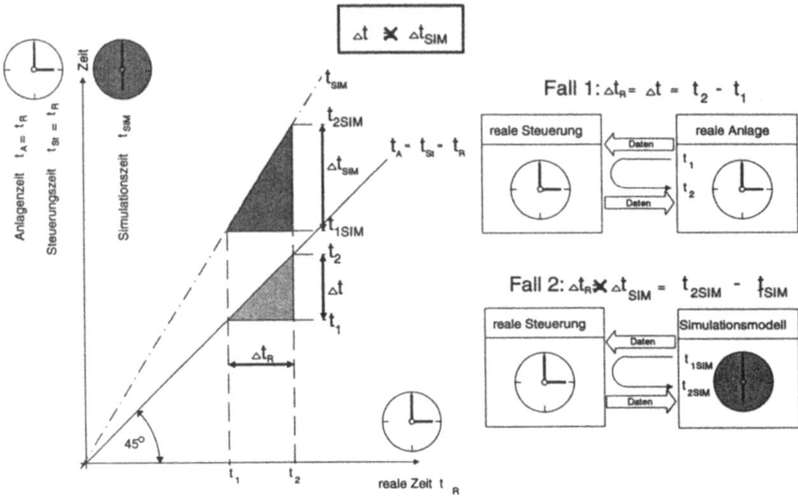


*Bild 5-10: Verfälschung der Simulationsergebnisse bei fehlender Synchronisierung zwischen Simulation und Steuerungen*

nicht gegenseitig beeinflussen. Anders ist es beim Einsatz der Simulation als Entwicklungs- und Testumgebung für Steuersoftware. Hier tritt eine ständige Wechselwirkung zwischen Simulation und Steuersoftware auf, die durchaus zu einer Verfälschung der Simulationsergebnisse führen kann. Diese Gefahr rührt daher, daß die Verarbeitungsgeschwindigkeit der realen Steuerung begrenzt ist. Wird der Abschluß einer Aktion im realen System zum Zeitpunkt $t_1$ durch eine "AktionsRückmeldung" an die betroffene Steuerung gemeldet, benötigt diese eine gewisse Zeit $\Delta t_R = t_2 - t_1$ für die Bearbeitung dieser Meldung (Bild 5-10 Fall 1). Bis zum Eintreffen des nächsten Befehls zur "AktionsAusführung" bzw. zum "BedingungsTest" im realen System zum Zeitpunkt $t_2$ vergeht somit eine nicht vorherbestimmbare, von der Leistungsfähigkeit der Steuerung und der verwendeten Übertragungsmedien abhängige Zeitspanne $\Delta t = \Delta t_R = t_2 - t_1$, die normalerweise maximal im Sekundenbereich liegt.

Wird nun das reale System durch die Simulation ersetzt (Bild 5-10 Fall 2), tritt das Problem auf, daß die Simulationszeit $t_{SIM}$ nicht an die reale Zeit $t_R$ gekoppelt ist. Der Rechner, auf dem das Simulationsmodell abläuft, arbeitet unabhängig von der realen Zeit so viele diskrete Ereignisse wie möglich ab. Damit kann die Simulationszeit im Zeitraum $\Delta t_R$, der zwischen Abschicken und Empfangen einer Meldung verstreicht, um einen unbestimmten, in der Regel aber größeren Zeitraum $\Delta t_{SIM} = t_{2SIM} - t_{1SIM}$ fortgeschritten sein. Die Rückmeldung der Steuerung tritt damit nicht wie im realen System um $\Delta t$, sondern um $\Delta t_{SIM}$ versetzt im Simulationsmodell ein.

| Modellzeit | | Fehler reproduzierbar | | Prozeßabbild korrekt | | Nachteile |
|---|---|---|---|---|---|---|
| Normalbetrieb | Datenübertragung | JA | NEIN | JA | NEIN | |
| Realzeit | Realzeit | | ● | ● | | künstliche Verlangsamung der Simulation |
| n x Realzeit | n x Realzeit | | ● | | ● | nicht nur Funktions- sondern auch Leistungstest |
| Simulationszeit | Realzeit | | ● | ● | | |
| Simulationszeit | STOP | ● | | | ● | |
| Simulationszeit | STOP aber Berücksichtigung von $\Delta t$ über Zufallszahl | ● | | ● | | Zufallsverteilung muß angenommen werden |

*Bild 5-11: Synchronisierungsverfahren für den Test von Ablaufvorschriften*

Dies stellt eine unzulässige Verfälschung des Prozeßabbildes in der Simulation dar. Um diesen Abbildungsfehler zu umgehen, muß eine Synchronisierung zwischen Simulationszeit und Realzeit durchgeführt werden. Im folgenden werden die in Bild 5-11 aufgeführten Synchronisierungsverfahren vorgestellt und ihre Eignung für den beschriebenen Einsatzfall untersucht.

Die erste Möglichkeit besteht darin, die Simulationszeit starr an die reale Zeit zu koppeln. Damit würde allerdings ein Hauptvorteil der Simulationsmethode verloren gehen, nämlich durch eine Zeitraffung innerhalb einer kurzen Zeitspanne realer Zeit einen großen Zeitraum virtueller Zeit untersuchen zu können.

Eine weitere Möglichkeit, die allerdings mehr für die Überprüfung der Leistungsfähigkeit von Steuerungen zum Einsatz kommt, besteht darin, die Simulationszeit gezielt um ein Vielfaches der Realzeit zu erhöhen. Der Nachteil einer künstlichen Verlangsamung der Simulation kann teilweise umgangen werden, wenn nur zwischen dem Abschicken einer Steueranfrage und dem Eintreffen der Antwort der Steuerung die Simulationszeit an die reale Zeit gekoppelt wird.

Allen genannten Verfahren haftet der Nachteil an, daß die Simulationsergebnisse nicht reproduzierbar sind, da die für die Bearbeitung und Übertragung der Befehle benötigte Zeit Schwankungen unterworfen ist, die sich zum Beispiel aus der Auslastung des Steuerrechners ergeben. Aus Sicht der Simulation liegt somit ein zeitvariantes Modell vor. Fehler, die beispielsweise nur bei verzögertem Eintreffen von Steuersignalen auftreten, können damit nicht reproduziert werden.

Die folgenden Synchronisierungsverfahren erfordern keine künstliche Verlangsamung der Ablaufgeschwindigkeit der Simulation. Im einfachsten Fall kann dies dadurch erreicht werden, daß der Simulationsprozeß und damit die Simulationszeit während des Datenaustausches mit der Steuerung bis zum Eintreffen der Rückmeldung angehalten wird. Damit wird allerdings der Fehler begangen, die in der Realität durchaus auftretenden Befehlsausführungszeiten der Steuerungen zu vernachlässigen. Beim Test der Steuerprogramme stellt dies eine unzulässige Vereinfachung dar, da unter anderem gerade das Verhalten bei verzögertem Eintreffen der Rückmeldungen der Steuerungen untersucht werden soll.

Um diesen Abbildungsfehler zu umgehen und trotzdem die Simulationsgeschwindigkeit nicht zu senken, wird in der vorliegenden Arbeit folgendermaßen vorgegangen: Bei einer Interaktion mit einer Ablaufvorschrift wird die Simulation angehalten. Nachdem die Rückmeldung der Steuerung eingetroffen ist, erfolgt mit Hilfe eines Zufallszahlengenerators die Bestimmung der Zeitspanne, um die versetzt das Eintreffen der Rückmeldung in der Simulation berücksichtigt werden muß. Auf diese Art wird die spätere Wechselwirkung zwischen realer Steuerung und realem System im Simulationsmodell korrekt nachgebildet. Moderne Verfahren zur Bestimmung von Zufallszahlen ermöglichen es außerdem, Zufallszahlenfolgen zu reproduzieren. Soll ein Simulationslauf wiederholt werden, kann der Benutzer entscheiden, ob der Lauf mit derselben oder einer neuen Zufallszahlenfolge durchgeführt werden soll. Damit hat das im Rahmen dieser Arbeit eingesetzte Verfahren den weiteren Vorteil, daß Simulationsläufe wiederholt werden können. Das bedeutet insbesondere, daß auch Fehler, deren Ursache im verspäteten Eintreffen der Rückmeldung der Steuerung zu suchen sind, reproduziert und damit schnell eingegrenzt werden können.

## 5.4 Benutzerschnittstellen

### 5.4.1 Einteilung in Oberflächen

Als eine Schnittstelle, der besondere Bedeutung zukommt, kann die Mensch-Maschine-Schnittstelle angesehen werden. Die Akzeptanz eines Softwaresystems und damit dessen erfolgreicher Einsatz hängt in entscheidendem Maße von der Anpassung des Systems an die Vorstellungswelt und Vorgehensweise des Benutzers ab. Diese Anpassung erfolgt in erster Linie durch die Gestaltung der Benutzeroberflächen, über die der Benutzer mit dem Softwaresystem in Kontakt tritt. Die Phasen einer Simulationsstudie, bei denen ein Rechner eingesetzt werden kann, beinhalten die Arbeitsschritte Modellbildung, Durchführung von Simulationsexperimenten und Auswertung der Simulationsergebnisse /HART91/. Die Phase der Modellbildung kann weiter unterteilt werden in Strukturaufbau und Parametereingabe. Für jeden dieser Schritte sind eigene Bearbeitungsfunktionen notwendig. Demnach wird jedem Schritt eine eigene Oberfläche zugeordnet. Die Einteilung in Oberflächen entspricht der software-ergonomischen Forderung nach einer Unterteilung der Dialoge in einzelne

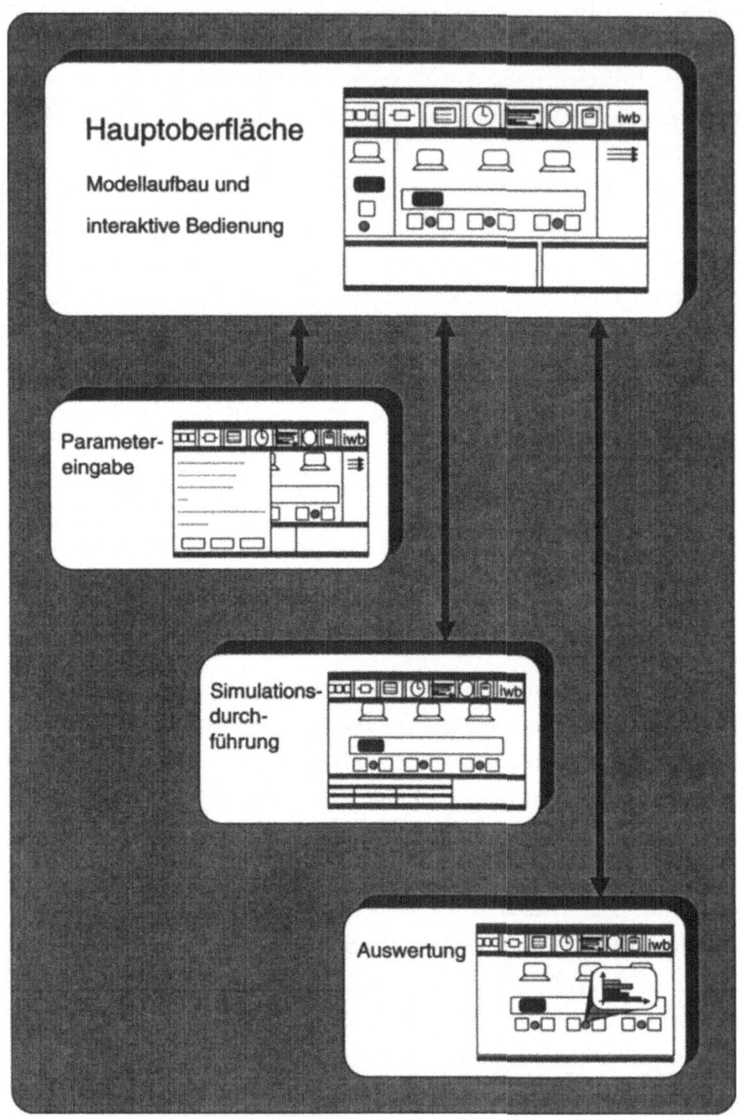



*Bild 5-12: Die Benutzeroberflächen des Simulationswerkzeuges*

Phasen. Trotz der verschiedenen Aufgabeninhalte der einzelnen Oberflächen soll das Erscheinungsbild jedoch einheitlich sein.

Die Oberfläche zum Modellaufbau (Hauptoberfläche) dient dem Aufbau und der Modifikation von Modellen, d.h. sowohl der Struktur des abzubildenden Produktionssystems als auch der Attribute einzelner Objekte. Auf der Parameteroberfläche können die Eigenschaften mehrerer Objekte verändert und im Überblick dargestellt werden. Die Simulationsoberfläche dient der Durchführung von Simulationsläufen, die Auswertungsoberfläche der graphischen Darstellung von Simulationsergebnissen. Der Wechsel zwischen einzelnen Oberflächen soll beliebig möglich sein, um dem Benutzer größtmögliche Freiheit in der Wahl seiner Vorgehensweise zu gewähren. Zusammenfassend ergeben sich die in Bild 5-12 dargestellten Benutzeroberflächen, zwischen denen ein beliebiger Wechsel möglich ist. Die Anforderungsprofile an die einzelnen Oberflächen werden im folgenden aufgestellt.

### 5.4.2 Hauptoberfläche

Auf der Hauptoberfläche erfolgt der Aufbau und die Verwaltung der Simulationsmodelle. Dementsprechend muß der größte Teil der Oberfläche für das Modellierungfenster vorgesehen werden, in dem der Aufbau und die Darstellung von Simulationsmodellen möglich ist. Der Modellaufbau soll graphisch interaktiv erfolgen, indem der Anwender aus einem vorgegebenen Satz an Modellbausteinen den gewünschten Baustein auswählen, im Modellierungsfenster plazieren und die Verbindungen zu anderen Bausteinen herstellen kann. Für die Mensch-Maschine-Kommunikation müssen Möglichkeiten zur Darstellung von Systemmeldungen und der Eingabe vom Benutzer abzufragender Werte zur Verfügung gestellt werden. Alle zum Modellaufbau nötigen Funktionen sollen auch über Menü erreichbar sein. Zu diesen Funktionen gehört das Einfügen bestimmter Objekte ebenso, wie deren Entfernung. Weitere Aufgaben dieser Oberfläche beziehen sich auf die Darstellung des Modells. Der sichtbare Ausschnitt eines Modells soll veränderbar und eine Darstellung auf unterschiedlichen Detaillierungsstufen möglich sein.

Für die Eingabe und Änderung von Parametern ist deren Darstellung innerhalb der Oberfläche notwendig. Die Auswahl eines Objektes soll wieder direkt durch Anklicken eines Objekts innerhalb des Modells oder über Menü möglich sein. Die Darstellung der Parameter hat sich der Übersichtlichkeit wegen auf die für den Benutzer interessanten Werte zu beschränken. Einzelne Werte sollen ebenso geändert werden können wie ganze Parametersätze. Die Änderung von Parametern hat ebenso wie alle anderen Arbeitsschritte als Wechsel zwischen Systemmeldungen und Benutzereingaben zu erfolgen.

### 5.4.3 Parameteroberfläche

Während auf der Hauptoberfläche die Parameter objektbezogen geändert werden können, bietet die Parameteroberfläche einen umfassenden Überblick über alle Parameter einer bestimmten Gruppe von Objekten in Form von Tabellen. Einzelne Parameter können gezielt durch Anklicken ausgewählt und geändert werden. Damit die Vielzahl der Parameter nicht zu einer Verwirrung des Benutzers führt, muß es möglich sein, abhängig von der Qualifizierungsstufe des Benutzers, bestimmte Parameter auszublenden.

### 5.4.4 Simulationsoberfläche

Die Simulationsoberfläche dient ausschließlich der Durchführung von Simulationsexperimenten. Es muß zwischen den zwei folgenden Betriebsmodi unterschieden werden: dem "gesteuerten" und dem "stand-alone" Betrieb. Im gesteuerten Betrieb werden eine oder mehrere reale Steuerungen an das Simulationsmodell gekoppelt. In dieser Betriebsart erfolgt über die Simulationsoberfläche die Kopplung an die Steuerungen und die Beobachtung von Ereignissen während der Simulation. Soll ein Simulationslauf dagegen unabhängig von der Steuerung stattfinden, sind vom System Hilfsmittel zur Durchführung bereitzustellen, die in einem Bedienpult für jede einzelne Steuerung zweckmäßig zusammengefaßt werden. Diese Hilfsmittel umfassen das Laden von Programmen, deren Start und Abbruch sowie die Anzeige von Simulationszeiten und Systemmeldungen an den Bediener. Zusätzlich sind Funktionen zur Beeinflußung der Animation, der Anzahl von Simulationsläufen und der Simulationsgeschwindigkeit erforderlich. Die Initialisierung des Modells vor einem neuen Simulationslauf muß ebenfalls von der Simulationsoberfläche aus gestartet werden können.

### 5.4.5 Auswertungsoberfläche

Die Auswertungsoberfläche dient der Darstellung von Simulationsergebnissen in übersichtlichen Tabellen und Graphiken. Die Auswertungen werden aus den während des Simulationslaufs aufgezeichneten Daten zusammengestellt. Prinzipiell muß der Benutzer in die Lage versetzt werden, die Daten in der von ihm gewünschten Form aufzubereiten. Standardmäßig werden dem Anwender Auswertungen über die Auslastung der Betriebsmittel in Form von Balkendiagrammen, den Füllstand der Speicher in Form von x-y Diagrammen und die Anzahl der fertiggestellten Aufträge sowie deren Durchlaufzeiten zur Verfügung gestellt. Zur Auswahl von Komponenten, für die sich der Benutzer die aufgezeichneten Simulationsdaten anzeigen lassen möchte, ist der parallele Einsatz von systemgeführten (Menüauswahl) und benutzergeführten (Auswahl durch Anklicken des Objektes) Dialogen sinnvoll. Die einzelnen Fenster, in denen die Auswertung für jeweils eine Komponente zusammengefaßt sind, müssen auf der Auswertungsoberfläche beliebig verschoben und wieder geschlossen werden können.

# 6 Modellierung von Produktionssystemen

Im vorangegangen Kapitel wurde abgeleitet, daß für den umfassenden Einsatz der Simulation für unterschiedliche Aufgabenstellungen objektorientierte Bausteinsimulatoren sehr gut geeignet sind. Dementsprechend werden im folgenden Kapitel, basierend auf einer Systemanalyse an bestehenden Produktionssystemen, geeignete Modellbausteine und die sie beschreibenden, simulationsrelevanten Attribute ermittelt. Der Schwerpunkt der Systemanalyse liegt dabei auf der Analyse flexibler Montagesysteme.

## 6.1 Allgemeines Modell von Produktionssystemen

Ausgehend von den in Kapitel 2 beschriebenen Gliederungsaspekten der Systemtechnik kann eine allgemeine, objektbezogene Gliederung von Produktionssystemen entwickelt werden, die den Vorteil besitzt, daß sie direkt als Grundlage für eine objektorientierte Modellierung herangezogen werden kann. Einen möglichen Ansatz stellt die in Anlehnung an Wieneke-Toutaoui /WIEN87/ vorgenommene allgemeine Gliederung von Produktionssystemen in Bild 6-1 dar. Sie vereinigt funktionale und strukturelle Aspekte zu einer Beschreibung der Elemente komplexer Produktionsanlagen. Mit der abstrahierten Vorstellung von Elementen, Relationen, Attributen und Funktionen wird eine detaillierte Beschreibung der Komponenten komplexer Produktionssysteme und deren Beziehungen ermöglicht /HART91/.

Produktionssysteme werden als abgeschlossene Systeme betrachtet, die sich aus Subsystemen bzw. Elementen zusammensetzen. Die Elemente können unterteilt werden in permanente Elemente, die ständig im System sind, und temporäre Elemente, die sich nur vorübergehend im System befinden. Werkstücke stellen in der Regel immer temporäre Elemente dar; inwieweit Werkzeuge oder Transportmittel temporäre oder permanente Elemente darstellen, hängt von der Wahl der Systemgrenzen ab.

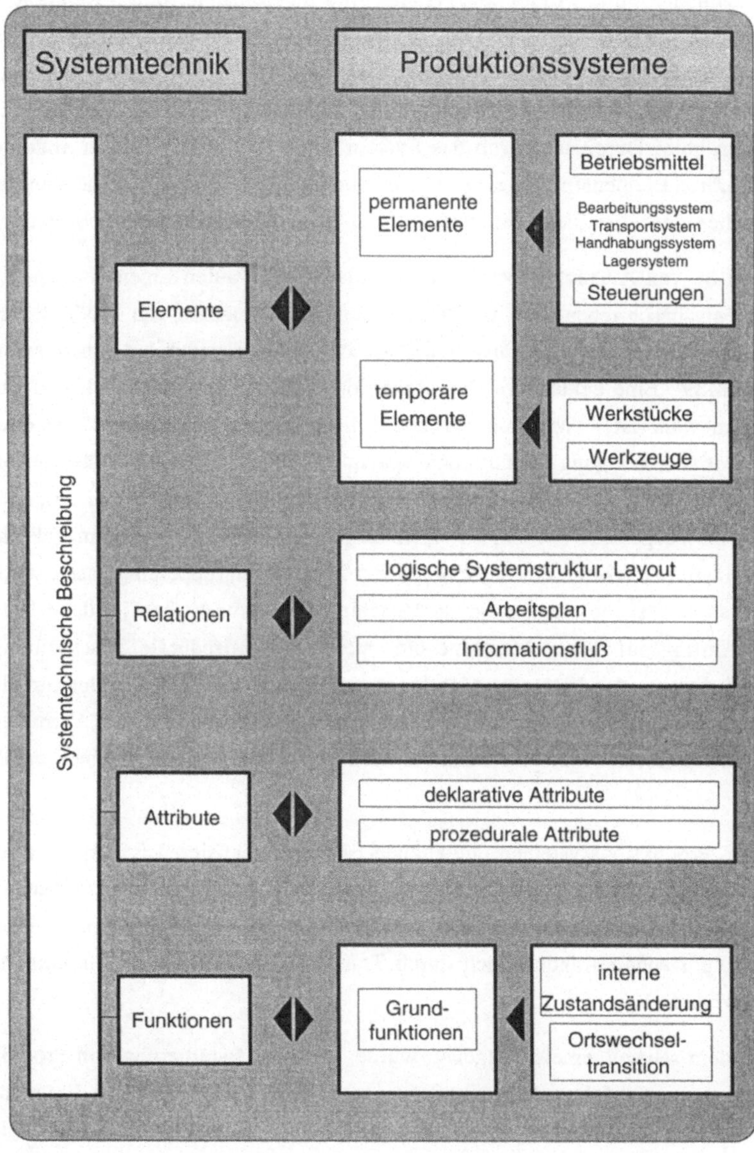


*Bild 6-1:   Allgemeine Gliederung von Produktionssystemen /WIEN87/*

Die Elemente eines Produktionssystems sind untereinander durch Relationen verbunden. Durch die Nachbildung der möglichen Materialflußbeziehungen zwischen den Elementen wird die Systemstruktur berücksichtigt. Im Arbeitsplan wird die Zuordnung der temporären Elemente zu den permanenten Elementen beim Durchlauf durch das System sowie die Zuordnung zu anderen temporären Elementen festgelegt. Die Abbildung der logischen Verknüpfungen zwischen den einzelnen Elementen erfolgt über die Informationsflußrelation.

Mit Hilfe von Attributen werden die simulationsrelevanten Eigenschaften der Elemente beschrieben. Für die Beschreibung der Elemente von Produktionssystemen bietet sich der Einsatz deklarativer und prozeduraler Attribute an /HARM89/. Eine deklarative Repräsentation eines Faktums bedeutet, daß das Faktum wahr ist - "Maschinengruppe 1 hat eine Kapazität von 4" ist eine deklarative Festlegung der Gruppenkapazität. Eine prozedurale Repräsentation eines Faktums stellt demgegenüber eine Gruppe von Anweisungen dar, die, wenn sie ausgeführt werden, zu einem Ergebnis führen, das mit dem Faktum übereinstimmt. "Wenn ein Auftrag auf der Maschinengruppe eingelastet wird, dann stelle fest, ob eine geeignete Maschine frei ist und wenn ja, dann laste den Auftrag auf dieser Maschine ein" stellt eine prozedurale Beschreibung des Verhaltens des Elements Maschinengruppe dar. Die Auswahl der für die Beschreibung eines Elements benötigten Attribute ist subjektiv. Das Verhalten ein und desselben Elements kann mit Hilfe unterschiedlicher Attribute erfolgen.

Die in Produktionssystemen enthaltenen Elemente realisieren prinzipiell zwei Arten von Funktionen. Zum einen werden durch Fertigungs- oder Montageschritte die Bearbeitungszustände von Werkstücken oder Baugruppen verändert. Zum anderen ändern sich durch Transportvorgänge die Aufenthaltsorte der Werkstücke.

Nachdem sehr allgemein festgelegt wurde, wie die Modellierung von Produktionssystemen erfolgen kann, muß nun spezifiziert werden, welche Elemente für den Aufbau der benötigten Strukturmodelle notwendig sind. Für die Durchführung konventioneller Materialflußuntersuchungen werden Elemente für die Nachbildung von Bearbeitungs-, Montage- und Materialflußsystemen benötigt.

Falls die Simulation auch als Testumgebung für Steuersoftware und als unterstützende Komponente beim Betrieb von Produktionssystemen eingesetzt werden soll, wurde schon in Kapitel 4.3 die Bedeutung einer klaren Trennung zwischen Materialfluß und Informationsfluß innerhalb der Simulationsmodelle betont. Nur so kann sichergestellt werden, daß die "simulierten Informationsflußkomponenten" durch "reale Informationsflußkomponenten" ersetzt werden können, ohne am "Rest"-Simulationsmodell Veränderungen vornehmen zu müssen. Daraus folgt, daß für die Modellierung von Informationsflußkomponenten eigene Elemente erforderlich sind. Das Informationsflußsystem setzt sich aus Hardware- und Softwarekomponenten zusammen. Entsprechend werden Elemente für die Nachbildung von Steuerungen und Steuerprogrammen

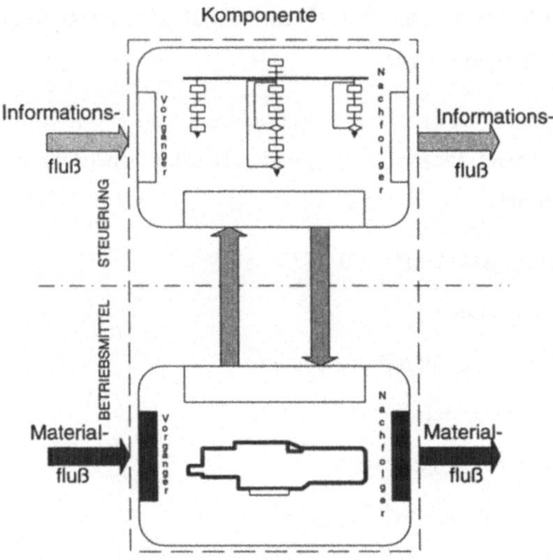


*Bild 6-2:  Modellierung einer NC-Maschine*

benötigt. Mit Hilfe der Elemente für die Modellierung der Steuerprogramme muß es möglich sein, NC-, RC- und SPS-Programme in ihrem für den Test von Steuersoftware auf Zellenebene relevanten Verhalten nachzubilden.

In Bild 6-2 ist exemplarisch die Modellierung einer NC-Maschine entsprechend dem Prinzip der Trennung Materialfluß - Informationsfluß aufgezeigt. Der Modellbaustein "NC-Maschine" setzt sich aus einem Element für die Nachbildung der eigentlichen NC-Maschine und einem Element für die Nachbildung der NC-Steuerung zusammen. Die von der NC-Steuerung abgearbeiteten Programme werden in ihrem für den Test der Steuersoftware auf Zellenebene relevanten Verhalten mit Hilfe der in Kapitel 6.3.2 beschriebenen Transitionen modelliert. Da bei dieser Art der Modellierung die Betriebsmittel über kein eigenständiges Verhalten verfügen, sollen sie im weiteren Verlauf der Arbeit als passive Komponenten bezeichnet werden. Die Komponenten für die Nachbildung der Logik sind entsprechend aktive Komponenten.

## 6.2 Modellbausteine für Bearbeitungs-, Montage- und Materialflußsysteme

Eine Systemanalyse der passiven Komponenten von Produktionssystemen ergibt, daß eine Untergliederung in folgende Klassen von Elementen vorgenommen werden kann:

- Bearbeitungssysteme

- Montagesysteme

- Lager- und Bereitstellungssysteme

- Materialflußsysteme

- Qualitätssicherungssysteme

- Werkzeuge und Vorrichtungen

- Werkstücke

Da die passiven Komponenten als Elemente abgebildet werden, die nur aufgrund eines äußeren Anstoßes ihren Zustand ändern können, sind für die Beschreibung ihrer Eigenschaften deklarative Attribute ausreichend. Bei den deklarativen Attributen ist es sinnvoll zu differenzieren zwischen Parametern, die "stationäre" Eigenschaften des Objekts beschreiben und Zustandsvariablen, die während eines Simulationslaufs den aktuellen Zustand des Elements widerspiegeln.

Um Redundanzen bei der Beschreibung der Eigenschaften der Elemente zu vermeiden, wird eine Hierarchisierung vorgenommen. An übergeordnete Klassen werden all jene Attribute vergeben, die mehreren Subklassen gemein sind. Die auf diesen Hierarchieebenen vergebenen Attribute werden an alle darunterliegenden Komponenten vererbt. Diese Vorgehensweise erleichtert auch die spätere objektorientierte Programmierung, da dieses Klassenkonzept unterstützt wird. Eine Übersicht der im folgenden Kapitel beschriebenen Klassen wird in Bild 6-3 gegeben.

## 6.2.1 Modellierung der passiven Komponenten

Zunächst wird die abstrakte Klasse der Komponenten eingeführt. Auf dieser Hierarchieebene werden jene Attribute vergeben, die allen passiven Objekten gemeinsam sind. Dies sind

- *Ort* und

- *Status*.

Bei der Ortsangabe für permanente Elemente kann auf eine geometrisch exakte Angabe des Standortes des Betriebsmittels verzichtet werden. Das Simulationsmodell muß lediglich die Struktur des abgebildeten Systems wiedergeben. Gleiches gilt für die Ortsangaben der temporären Elemente. Auch hier sind Ortsangaben der Art "Werkstück A liegt auf Palette Nr.3" völlig ausreichend.

Das Attribut *Status* spiegelt zu jedem Zeitpunkt den aktuellen Zustand der Komponente wider. Ein Montageroboter kann die Zustände "frei", "Wartung", "defekt", "belegt", "bearbeitet", "rüstet", "reserviert", "blockiert" und "Pause" einnehmen, ein Werkstück die Zustände "bearbeitet", "unbearbeitet" und "geprüft".

Der Klasse der Komponenten untergeordnet ist die Klasse der permanenten Elemente. Auf dieser Hierarchieebene werden die Attribute

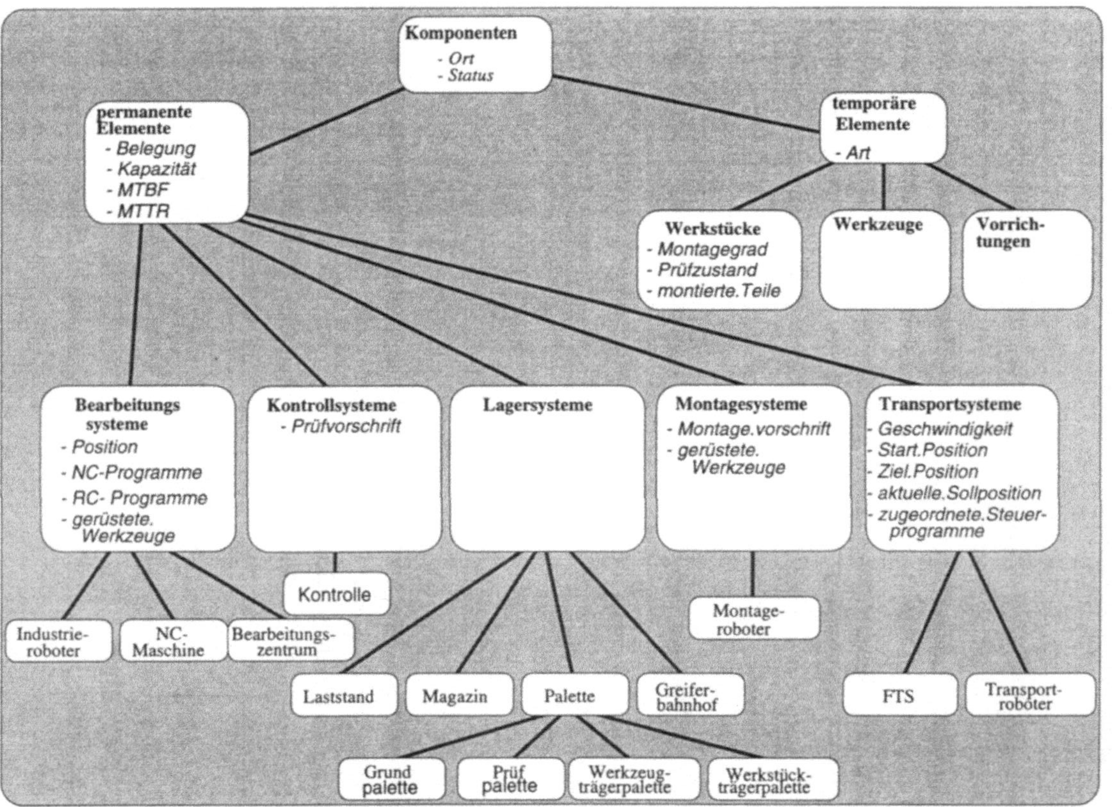

*Bild 6-3:* Übersicht über die Klassen und ihre Attribute für die Modellierung von Produktionssystemen

- *Belegung,*

- *Kapazität,*

- *MTBF* und

- *MTTR.*

definiert.

Das Attribut *Belegung* enthält die Information welche Werkstücke sich gerade auf der Komponente befinden. Die *Kapazität* gibt an, wieviele Werkstücke sich maximal gleichzeitig auf der Komponente befinden können. Die Attribute *MTBF* und *MTTR* dienen zur Beschreibung der Verfügbarkeit der Elemente:

- die *MTBF* ist die durchschnittliche Zeitdauer, die zwischen zwei aufeinanderfolgenden Ausfällen liegt (Mean Time Between Failure).

- die *MTTR* ist die Zeit, die durchschnittlich benötigt wird, bis nach einem Ausfall das System wieder in einen funktionsfähigen Zustand gebracht worden ist (Mean Time To Repair).

In der Simulation können diese beiden Kenngrößen durch Zufallszahlengeneratoren berücksichtigt werden. Damit wird es möglich, das Ausfallverhalten einzelner Elemente des Produktionssystems abzubilden.

Die Klasse der permanenten Elemente läßt sich weiter unterteilen in Bearbeitungs-, Kontroll-, Lager-, Montage- und Transportsysteme. Für die Bearbeitungssysteme werden zusätzlich die Attribute *NC-Programme* und *RC-Programme* eingeführt, die die jeweils zur Verfügung stehenden Programme enthalten. Das Attribut *gerüstete.Werkzeuge* gibt an, welche Werkzeuge sich auf dem Bearbeitungssystem befinden. Die *Prüfvorschrift* bei Kontrollsystemen läßt erkennen, welche Merkmale des Werkstücks wie oft und auf welche Art und Weise geprüft werden sollen. Die *Montage.Vorschrift* legt bei den Montagesystemen fest, in welcher Reihenfolge die Montage der Einzelteile zu erfolgen hat. Die Attribute *Geschwindigkeit, Start.Position, Ziel.Position aktuelle.Sollposition* und *zugeordnete.Steuerprogramme* detaillieren die Transportsysteme.

Ebenfalls der Klasse der Komponenten direkt untergeordnet ist die Klasse der temporären Elemente, die das Attribut *Art* gemeinsam haben. Zu den temporären Elementen zählen Werkstücke, Werkzeuge und Vorrichtungen. Für die Beschreibung der Werkstücke sind zusätzlich die Attribute *Montagegrad*, *montierte.Teile* und *Prüfzustand* erforderlich. Aus dem *Montagegrad* und dem Attribut *montierte.Teile* kann abgeleitet werden, wieweit die Montage schon fortgeschritten ist. Aus dem *Prüfzustand* wird ersichtlich, ob in einem Kontrollsystem bereits eine Qualitätsüberprüfung erfolgt ist. Für Werkzeuge und Vorrichtungen sind derzeit keine weiteren Attribute vorgesehen.

Die Klassen auf der untersten Hierarchieebene stellen schließlich einzelne Bausteine dar, aus denen ein Simulationsmodell aufgebaut werden kann. Bei den temporären Elementen wurde aus Gründen der Übersichtlichkeit auf eine Darstellung dieser Hierarchiestufe verzichtet.

## 6.3 Modellbausteine für die Abbildung des Informationsflußsystems

### 6.3.1 Modellierung von Steuerungen

Die im vorangegangenen Kapitel beschriebenen, im Sinne der Simulation rein passiven Komponenten der modellierten Zellen werden von NC-, RC- oder speicherprogrammierbaren Steuerungen (SPS) kontrolliert. Diese Steuerungen werden ihrerseits von übergeordneten Zellensteuerungen koordiniert. Damit sich die entwickelten Simulationsmodelle für den Test von Steuersoftware auf der Zellenebene und den darüber liegenden Hierarchieebenen eignen, müssen diese Steuerungen in ihrem für den Test von Ablaufprogrammen relevanten Verhalten im Modell nachgebildet werden.

Die Steuerungen empfangen entweder Signale des Zellenrechners oder werden manuell bedient. Sie lösen entsprechende Aktionen aus, z.B. die Abarbeitung eines NC-Programmes, und schicken Fertig- oder Zustandsmeldungen an den Zellenrechner oder den Bediener zurück. NC-, RC- und SPS-Steuerungen können demnach als Komponenten abgebildet werden, die in der Simulation nachgebildete NC-, RC- oder SPS-Programme abarbeiten und mit dem übergeordneten Zellenrechner kommunizieren. Da es sich bei den Steuerungen nicht um rein passive Elemente handelt, sind für deren Beschreibung deklarative und prozedurale Attribute notwendig. Die Attribute, mit denen in der vorliegenden Arbeit das Verhalten der Steuerungen modelliert wurde, sind in Bild 6-4 zusammengefaßt.

**<u>Steuerungen</u>**

Deklarative Attribute:       Prozedurale.Attribute

*- Betriebsart*                    *- Meldungen.quittieren*
*- geladene.Programme*     *- Programm.laden*
*- Meldungen*                   *- Programm.starten*
*- Programm.laden.Dauer*   *- Transitionsliste.abarbeiten*
*- schon.abgearbeitet*      *- Zeitverbrauch.berechnen*
                              *- Zustandsänderungen.melden*
                              *- Zustandsänderungen.verarbeiten*

*Bild 6-4:   Deklarative und prozedurale Attribute von Steuerungen*

Den einzelnen deklarativen Attribute kommt dabei folgende Bedeutung zu:

- *Betriebsart*: Es wird zwischen den Betriebsarten "Automatik" und "Handbetrieb" unterschieden, je nachdem, ob die Steuerung vom Zellenrechner oder interaktiv manuell bedient wird.

- *geladene.Programme*: Eine Steuerung kann nur Programme abarbeiten, die sie geladen hat. Das Attribut *geladene.Programme* enthält eine Liste aller aktuell geladenen Programme. Die meisten der derzeit eingesetzten Steuerungen können nur ein Programm gleichzeitig geladen haben, sodaß diese Liste in der Regel nur ein Element enthalten kann.

- *Meldungen*: In diesem Attribut können Kommentare hinterlegt werden, die beim Eintreffen bestimmter Systemzustände während der Simulation ausgegeben werden. Dies trägt zu einer Erhöhung der Transparenz der Abläufe während der Simulation bei.

- *Programm.laden.Dauer*: Dieses Attribut enthält die Zeitdauer, die für das Laden des entsprechenden Programmes benötigt wird.

- *schon.abgearbeitet*: Dieses Attribut enthält einen Zeiger auf den aktuellen Arbeitsschritt im abzuarbeitenden Programm. Die Fehlersuche wird dadurch sehr erleichtert.

Die prozeduralen Attribute haben folgende Bedeutung:

- *Meldungen.quittieren*: Wird die Steuerung manuell bedient, d.h., die aktuelle Betriebsart ist "Handbetrieb", muß der Benutzer Meldungen quittieren, bevor weitere Aktionen ausgeführt werden können. Diese Freigabe wird durch die dem Attribut *Meldungen.quittieren* zugeordnete Funktion ausgeführt.

- *Programm.laden*: Diese Funktion aktualisiert die Liste der geladenen Programme und schickt nach Ablauf der Ladezeit eine Fertigmeldung an den Zellenrechner.

- *Programm.starten*: Diese Funktion startet die Abarbeitung des geladenen Programmes mit Hilfe der in *Transitionsliste.abarbeiten* gespeicherten Funktion. Die für die Abarbeitung der einzelnen Programmschritte benötigte Zeit wird mit Hilfe des Attributes *Zeitverbrauch.berechnen* bestimmt. *Zustandsänderung.melden* und *Zustandsänderung.verarbeiten* sorgen dafür, daß bei Zustandsänderungen in den Komponenten die richtigen Aktionen ausgelöst werden.

Neben den aufgeführten Eigenschaften verwalten die Steuerungen zur Laufzeit noch die jeweiligen Steuerprogramme.

## 6.3.2    Modellierung von Steuerprogrammen

Mit Hilfe der Ablaufsimulation sollen vor allem die auf Zellenebene benötigten Ablaufvorschriften überprüft werden. Für die Erstellung der Ablaufvorschriften wird der in die Fabrikplanungsumgebung integrierte Flußdiagrammeditor eingesetzt. Wie schon erwähnt, wird mit Ablaufvorschriften die logische Abfolge der einzelnen Bearbeitungsschritte in der Zelle sowie die dafür notwendige korrekte Koordinierung der innerhalb der Zelle zum Einsatz kommenden NC-, RC- und SPS-Programme festgelegt. Beispielsweise werden, abhängig vom Eintreffen bestimmter Systemzustände, Aktionen wie die Abarbeitung eines NC-Programmes gestartet. Der aktuelle Systemzustand wird zu jedem Zeitpunkt durch die Werte der Zustandsvariablen beschrieben. Für die Nachbildung des für die Ablaufvorschriften relevanten Verhaltens der NC-, RC-, und SPS-Programme muß es deshalb gelingen, die Auswirkungen dieser Programme auf den Systemzustand und damit auf die Zustandsvariablen innerhalb der Simulation abzubilden. Um diese Aufgabe zu lösen, wird eine Klasse von Objekten eingeführt, die an anderen Objekten Zustandsänderungen bewirken können. Diese Objekte werden in Anlehnung an den bei Petri-Netzen /ZUSE80/ üblichen Sprachgebrauch "Transitionen" genannt. Transitionen sind

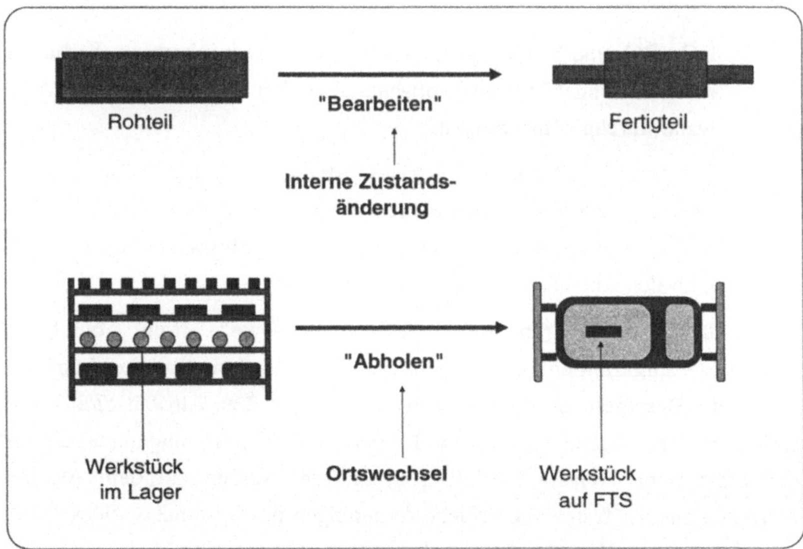


*Bild 6-5: Transitionen zur Nachbildung von Steuerprogrammen*

demnach eigenständige Simulationsobjekte, die bei Eintreffen bestimmter Systemzustände gestartet werden und zeitlich versetzt nach ihrer Abarbeitung eine Zustandsänderung der ihnen zugeordneten Objekte bewirken. NC-, RC- und SPS-Programme können folglich als eine Liste von Transitionen nachgebildet werden.

Vor allem aus Gründen der späteren objektorientierten Programmierung erfolgt eine weitergehende, funktionale Untergliederung in Transitionen, die einen Ortswechsel bewirken, und in Transitionen, die eine interne Zustandsänderung auslösen (Bild 6-5). Ortswechsel-Transition dienen zur Abbildung von Zustandsänderungen, die eine Wertänderung des Attributs *Ort* zur Folge haben, etwa der Transport eines Werkstücks. Alle anderen Zustandsänderungen werden als interne Zustandsänderungen bezeichnet, z.B. die Änderung des Bearbeitungszustandes eines Werkstücks.

Mit der Abbildung der Transitionen als eigenständige Objekte sind folgende Vorteile verbunden

- NC-, RC- und SPS-Programme können in ihrem relevanten Verhalten schnell nachgebildet und notwendige Änderungen ohne großen Aufwand durchgeführt werden.

- Transitionen können wie Betriebsmittel gestört werden. Dies ermöglicht die Nachbildung von Fehlern bei der Abarbeitung von RC-, NC- und SPS-Programmen. Damit können auch Störfallstrategien innerhalb der Ablaufvorschriften getestet werden.

Die Modellierung der Transitionen als Simulationsobjekt erfolgt - durch die in Bild 6-6 aufgeführten - deklarativen und prozeduralen Attribute. Zunächst erfolgt die Beschreibung der deklarativen Attribute. Das Attribut *Status* entspricht in seiner Bedeutung dem der Betriebsmittel. Die Bedingungen, die für den Start einer Transition erfüllt sein müssen, werden mit dem Attribut *Startbedingungen* festgelegt. Welche Änderungen des Systemzustandes durch die Transition bewirkt werden, ist dem Attribut *beeinflußte.Zustände* zu entnehmen. Im Attribut *benötigte.Zeit* steht die Zeit, um die versetzt diese Zustandsänderungen erfolgen sollen, im Attribut *zugeordnete.Betriebsmittel*

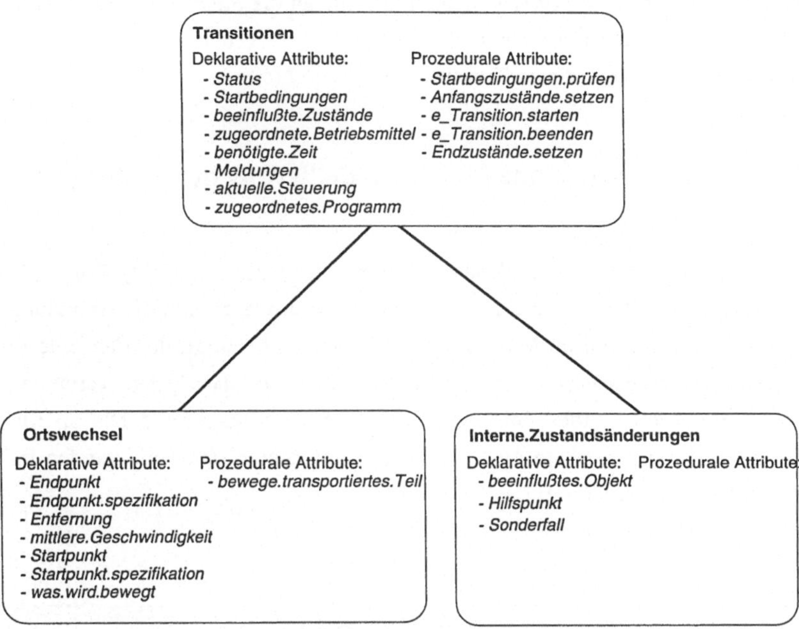



*Bild 6-6:   Deklarative und prozedurale Attribute von Transitionen*

die benötigten Betriebsmittel. Die in *Meldungen* enthaltenen Kommentare erhöhen die Transparenz bei der Abarbeitung der nachgebildeten Programme. Die Attribute *aktuelle.Steuerung* und *zugeordnetes.Programm* ordnen die aktuelle Transition einer Steuerung bzw. einem Programm zu.

Transitionen weisen das folgende dynamische Verhalten auf (in Klammern werden die jeweiligen prozeduralen Attribute aufgeführt). Sind alle Startbedingungen erfüllt (*Startbedingungen.prüfen*), belegt die Transition die zugeordneten Betriebsmittel (*Anfangszustände.setzen*) und wird gestartet (*e_Transition.starten*). Mit dem Start wird gleichzeitig die Beendigung der Transition, um die Bearbeitungszeit versetzt, geplant. Ist die Modellzeit bis zu diesem Zeitpunkt fortgeschritten, werden die vorgesehenen Endzustände gesetzt (*Endzustände.setzen*) und das Ende der Transition an die zugeordnete Steuerung gemeldet (*e_Tranisition.beenden*). Diese löst dann die nächste Aktion aus. In

Bild 6-6 sind noch die Attribute aufgeführt, die an die Subklassen "Ortswechsel" und "Interne.Zustandsänderung" zusätzlich vergeben werden, um das spezifische Verhalten dieser Transitionen zu beschreiben.

## 6.4 Modellbausteine für die Modellierung der Systemgrenzen

Produktionssysteme werden als abgeschlossene Systeme betrachtet, über deren Systemgrenzen Elemente in das System ein- bzw. austreten. Für die Abbildung dieser Systemgrenzen im Modell werden Bausteine benötigt, die Elemente in das System einspeisen bzw. Elemente aufnehmen, die das System verlassen. Solche Bausteine werden durch Quellen und Senken dargestellt. Die in Bild 6-7 aufgeführten Attribute für die Beschreibung dieser Bausteine werden im folgenden näher erläutert.

<table>
<tr><td>

**Quellen**

Deklarative Attribute:
- *was.wird.generiert*
- *Zeit.für.Generation*
- *fertig.bestückt*
- *Belegung*

Prozedurale Attribute:

- *Teilgenerierung.planen*
- *e_Komponente.generieren*
- *Freigabe.planen*
- *e_Komponente.freigeben*

</td><td>

**Senken**

Deklarative Attribute:
- *Fertige.Produkte*
- *Fertigteil.spezifikation*
- *Belegung*


Prozedurale Attribute:

- *Komponente.annehmen*
- *Teile.zurückgeben*

</td></tr>
</table>

*Bild 6-7: Prozedurale und deklarative Attribute von Quellen und Senken*

### 6.4.1 Quellen

Mit Hilfe von Quellen können Kommissionier- oder Einlegeplätze abgebildet werden. Sie stellen auf Anfrage oder in Intervallen Werkstücke oder Werkzeuge, aber auch fertig kommissionierte Paletten zur Verfügung. Quellen können durch die folgenden deklarativen Attribute beschrieben werden:

Die Eigenschaft *Was.wird.generiert* definiert, was die Quelle herstellen soll. Mit dem Attribut *Zeit.für.Generation* kann die Taktzeit, mit der die Quelle Elemente erzeugen soll, festgelegt werden. Muß von der Quelle eine gesamte Palette bestückt werden, so wird mit Abschluß der Kommisionierung das Attribut *fertig.bestückt* auf "True" gesetzt. Die Teile, die sich auf der Quelle befinden, werden im Attribut *Belegung* abgelegt.

Für die Beschreibung des dynamischen Verhaltens der Quelle sind die folgenden prozeduralen Attribute erforderlich: Das Attribut *Teilgenerierung.planen* plant die Generierung eines Teils, *e_Komponente.generieren* führt die Generierung entsprechend der in den deklarativen Attributen hinterlegten Spezifikation aus. Das Attribut *Freigabe.planen* plant die Freigabe des Teils für die Einschleusung in die Fertigung, und *e_Komponente.freigeben* schleust das Teil in die Anlage ein.

### 6.4.2 Senke

An die Senke werden die aus der Zelle kommenden Elemente abgegeben. In der Senke erfolgt außerdem die Registrierung von Werkstücken, um bei der statistischen Auswertung der Simulationsergebnisse Aussagen über die Leistung des Produktionssystems und die Durchlaufzeiten zu erhalten.

Für die Modellierung der Senke werden die folgenden deklarativen Attribute eingeführt: Im Attribut *Fertige.Produkte* wird die Zahl der fertiggestellten Produkte mitgeführt. Mit Hilfe des Attributes *Fertigteil.Spezifikation* ist es möglich, bei der Montage von Teilen zu überprüfen, ob das Produkt vollständig montiert wurde. Die *Belegung* enthält die Komponenten, bevor sie aus dem System entfernt werden.

Die folgenden prozeduralen Attribute beschreiben das dynamische Verhalten der Senke: Das Attribut *Komponente.annehmen* überprüft, ob das Teil i.O. ist und aktualisiert den Stückzahlzähler. Das Attribut *Teile.zurückgeben* sorgt für den Transport der Elemente über die Systemgrenzen.

# 7 Das entwickelte Simulationswerkzeug

Nachdem bereits ein grundlegendes Konzept für ein Simulationswerkzeug entwickelt wurde (vgl. Kapitel 5), das sich für konventionelle Materialflußuntersuchungen sowie als Testumgebung für Steuersoftware eignet, und basierend auf einer Systemanalyse die für den Modellaufbau benötigten Modellbausteine und ihre Attribute festgelegt wurden (vgl. Kapitel 6), erfolgt nun die Umsetzung des erstellten Konzepts.

## 7.1 Die entwickelte Modellbausteinbibliothek

Für die Implementierung des Simulationswerkzeuges wird die Expertensystemshell KEE (Knowledge Engineering Environment) verwendet, die für die wissensbasierte Simulation das Erweiterungsmodul SimKit (Simulation Kit) zur Verfügung stellt. KEE bietet alle Mechanismen an, die für die objektorientierte Programmierung der im vorangegangenen Kapitel definierten Modellbausteine erforderlich sind. Dies sind vor allem Vererbungsmechanismen, die Möglichkeit der Beschreibung von Objekten mit Hilfe von Attributen und die Kommunikation zwischen Objekten durch Nachrichten. Als Wissensrepräsentationstechnik verwendet KEE unter anderem sogenannte Frames (Rahmen). Ein Frame beschreibt ein Objekt und enthält sogenannte Slots (Abteile) für die mit dem Objekt assoziierten Informationen. In diesen Abteilen werden die deklarativen und prozeduralen Attribute der Objekte abgelegt. Prozedurale Attributen werden entweder mit Hilfe von Regeln oder mit Funktionen, die in der Programmiersprache Common Lisp /STEE84/ formuliert werden, beschrieben. Die einzelnen Objekte werden in Wissensbasen organisiert. Innerhalb dieser Wissensbasen können Attribute von übergeordneten an untergeordnete Klassen vererbt werden (Bild 7-1). Auf der untersten Ebene, den Instanzen, werden den allgemeinen Attributen einer Klasse spezifische Werte zugeordnet.

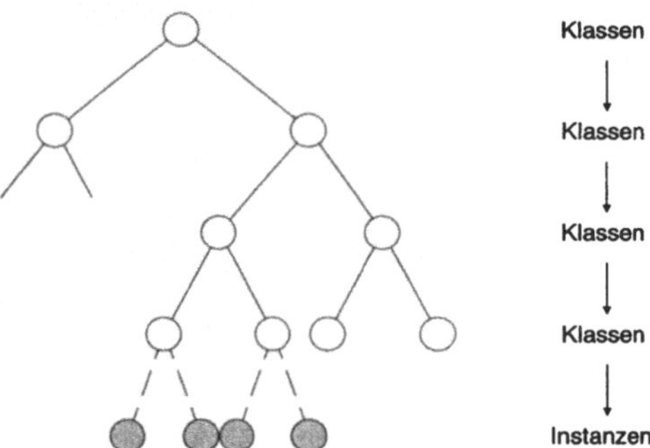


*Bild 7-1:   Hierarchie der Klassen*

Für den Aufbau von Wissensbasen und die Definition von Objekten stellt
KEE mächtige Werkzeuge zur Verfügung. Neben diesen Grundfunktionen für
die objektorientierte Programmierung steht eine Reihe weiterer Funktionalitäten zur Verfügung, die aber vor allem für die Entwicklung von Experten-
systemen von Bedeutung sind.

SimKit /STEL87/ stellt ein Werkzeug für die Integration von wissensbasiertem
System und Simulationstechnologie dar. Es stellt in Form einer Wissensbasis
alle Kernmodule zur Verfügung, die für den Aufbau eines Ablaufsimulations-
werkzeuges erforderlich sind. Dies sind:

- eine interne Uhr zur Darstellung der Simulationszeit

- ein Ereigniskalender zur Speicherung und Ausführung von Ereignissen

- der eigentliche Simulator

- Zufallszahlengeneratoren zur Berücksichtigung statistischer Zusammenhänge

- Datenkollektoren zur Aufzeichnung und Auswertung von Simulationsdaten

Außerdem wird ein sogenanntes Design-Window zur Verfügung gestellt, mit
dem ein graphisch interaktiver Modellaufbau ermöglicht wird. Damit stellt

SimKit nach einer Untersuchung von Becker /BECK91/ das einzige Simulationswerkzeug dar, das einer strengen Objektorientierung genügt. Der erhobene Einwand der mangelnden Benutzerfreundlichkeit wird durch die im folgenden beschriebenen, zusätzlich entwickelten Benutzeroberflächen behoben.

Nachdem SimKit eine Wissensbasis zur Verfügung stellt, in der das simulationsspezifische Wissen enthalten ist, wird für den Aufbau ablauffähiger Simulationsmodelle noch eine weitere Wissensbasis benötigt, in der das anlagenspezifische Wissen enthalten ist. Aufgrund der im Hinblick auf die objektorientierte Implementierung in Kapitel 6 vorgenommenen Strukturierung der Modellkomponenten können die dort definierten Bausteine 1 : 1 in einer Wissensbasis abgebildet werden. In Bild 7-2 wird dargestellt, wie, ausgehend von der Superklasse der Komponenten, die Vererbung der auf den Hierarchiestufe "permanente.Elemente", "Bearbeitungssysteme" und "Drehmaschine"

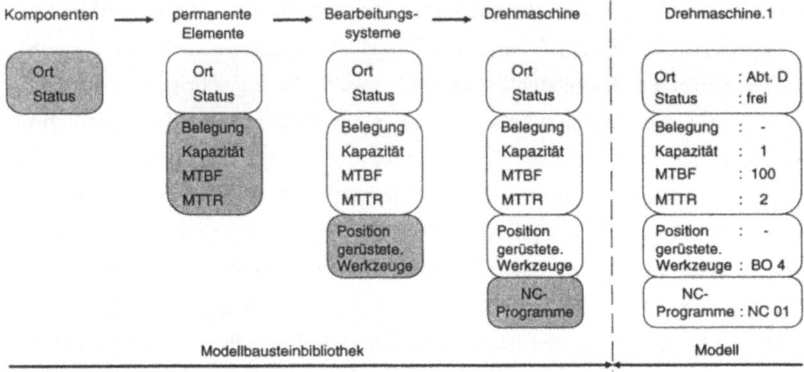


*Bild 7-2: Vererbung der Attribute an die Instanz "Drehmaschine.1"*

vergebenen Attribute an die Instanz "Drehmaschine.1" erfolgt.

Die Klassen auf der untersten Hierarchieebene der Wissensbasis stellen die Modellbausteine dar, aus denen die Simulationsmodelle von Produktionssystemen aufgebaut werden können. Beim Modellaufbau werden Instanzen dieser Klassen gebildet und den Attributen dieser Instanzen die für das abgebildete System spezifischen Werte zugewiesen. Das aufgebaute Simulationsmodell stellt eine eigenständige Wissensbasis dar, die das anlagenspezifische Wissen enthält. Zusammen mit der von SimKit zur Verfügung gestellten Wissensbasis, die das simulationsspezifische Wissen enthält, ergibt sich ein ablauffähiges Simulationsmodell.

## 7.2 Datenaustausch innerhalb der Simulationsumgebung

Der Einsatz der Simulation als Testumgebung für Steuersoftware bedingt, daß die Simulation über entsprechende Schnittstellen und Mechanismen mit der Entwicklungsumgebung für Steuersoftware und im weiteren Verlauf mit den Originalsteuerungen Daten austauschen muß. Wie in Kapitel 5.1.3 beschrieben, erfolgt dieser Datenaustausch über den Tool- und Message-Manager, zu dem alle in die Simulationsumgebung integrierten Hilfsmittel eine Verbindung aufbauen müssen. Bild 7-3 zeigt das Prozeßabbild des entworfenen Systems; zu den einzelnen Aufgabenblöcken sind jeweils die zugehörigen Rechenprozesse sowie die Kommunikationskanäle eingezeichnet. Die Kommunikation zwischen den verschiedenen Rechenprozessen erfolgt über unterschiedliche Mechanismen (Pipes, Sockets, Shared Memory). Um die Kommunikation mit dem LISP-Prozeß zu ermöglichen, wurde im Rahmen der vorliegenden Arbeit eine Erweiterung um geeignete Schnittstellen vorgenommen. Auf Seiten der Simulation wird die Kommunikation über im Hintergrund ablaufende, unter UNIX i.allg. als Daemonen bezeichnete Prozesse abgewickelt, welche ständig eine Verbindung zum Tool- und Message-Manager aufrechterhalten.

Für den Aufbau der Interprozeßkommunikation unter UNIX wurde die ISO Development Environment eingesetzt. Dieses Tool stellt die zur Integration der verteilten Systemkomponenten erforderlichen Kommunikationsmöglichkeiten zwischen Rechenprozessen auf unterschiedlichen Rechnern zur Verfü-

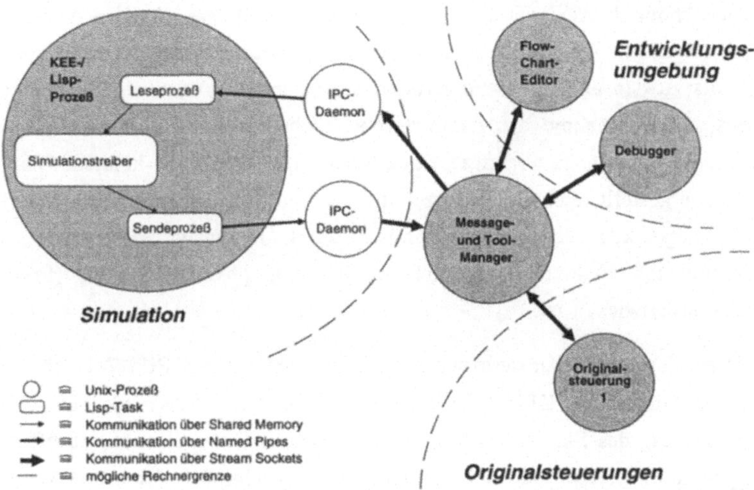


*Bild 7-3: Datenaustausch innerhalb des entwickelten Systems*

gung. Die Abwicklung der Kommunikation erfolgt dabei netzwerktransparent, d.h., die IPC-Komponenten sind in der Lage, Informationen unabhängig von der architekturspezifischen Datenrepräsentation auf den beteiligten Rechnern über alle gängigen Transportmechanismen und Protokolle auszutauschen. Die einzelnen Komponenten der Entwicklungs- und Testumgebung können damit innerhalb eines lokalen Netzes beliebig auf verschiedene Rechner verteilt werden.

## 7.3 Beschreibung der Benutzeroberflächen

### 7.3.1 Allgemeiner Aufbau der Benutzeroberflächen

Die von KEE unterstützte gleichzeitige Existenz beliebig vieler Arbeitsoberflächen erleichtert die in Kapitel 5 geforderte aufgabenorientierte Einteilung der Oberflächen in eine Haupt-, eine Simulationsdurchführungs-, eine Auswertungs- und eine Parameteroberfläche.

Zur leichteren Erlernbarkeit des Simulationssystems sind alle Oberflächen so weit wie möglich identisch aufgebaut und den jeweils spezifischen Anforderungen angepaßt. Allen Oberflächen ist eine Kopfleiste gemeinsam, über die einerseits zu den anderen Benutzeroberflächen beliebig verzweigt und andererseits, mit Ausnahme der Parameteroberfläche, mittels Pull-Down-Menüs alle für die Oberfläche wichtigen Funktionen erreicht werden können. Damit wird sichergestellt, daß der Benutzer die Abfolge der Arbeitsschritte individuell festlegen kann. Jedes dieser Menüs ist durch ein Fenster realisiert, dessen Bedeutung sowohl textuell als auch durch ein graphisches Symbol (Piktogramm) ausgewiesen ist.

Mit Hilfe des linken Fensters der Kopfleiste (Siehe bspw. Bild 7-4) können Systemfunktionen von KEE/SimKit aufgerufen werden. Diese Funktionen sind zur Bedienung des Simulationsprogramms grundsätzlich nicht nötig, eröffnen dem geübten Benutzer jedoch weitergehende Möglichkeiten. Über den Menüpunkt "Hilfe" werden dem Benutzer Informationen zur Bedienung der jeweiligen Oberfläche zur Verfügung gestellt. Die Hilfefunktion bietet dem Benutzer den Vorteil, bei Unklarheiten in der Bedienung des Systems kein Handbuch benützen zu müssen. Er kann die nötige Unterstützung kontextbezogen auf dem Bildschirm abrufen. Für Meldungen des Systems an den Benutzer wird in der Bildschirmmitte ein Fenster geöffnet. Diese Anordnung erfordert vom Benutzer wenige Blickbewegungen und verringert somit seine Arbeitsbelastung. Je nach Notwendigkeit enthält dieses Fenster verschiedene Menüs zur Auswahl oder Mitteilungen an den Benutzer. Werden vom Benutzer Eingaben erwartet, wird diesem Fenster ein durch eine andere Farbe gekennzeichnetes Fenster für die Texteingabe überlagert. Sämtliche Eingaben des Benutzers werden, bevor sie in das System übernommen werden, auf ihre syntaktische Korrektheit und Plausibilität überprüft.

### 7.3.2    Die Benutzeroberflächen

Zentraler Bestandteil der Hauptoberfläche (Bild 7-4) ist das Design-Window, in dem der Modellaufbau erfolgt. Für den Modellaufbau werden aus dem linken Fenster die benötigten Modellbausteine ausgewählt und mit Hilfe der im rechten Fenster zu Verfügung gestellten Transitionen die möglichen Zustandsänderungen definiert. Der Modellaufbau kann entweder graphisch interaktiv oder über entsprechende Menüs erfolgen. Diese und weitere Menüs können durch Anwählen des Menüpunktes "Modell" in der Kopfleiste aufgerufen werden. Im einzelnen werden Funktionen für die Modellverwaltung (Laden, Erzeugen, Speicher, Löschen etc.) und das Erstellen von Modellen (Komponenten erzeugen, löschen etc.) zur Verfügung gestellt.

Die Parameteroberfläche (Bild 7-5) ergänzt die Oberflächen für Modellaufbau, Simulationsdurchführung und Auswertung. Während auf der Hauptoberfläche nur jeweils die Parameter eines Objektes eingesehen und verändert werden können, ist es hier möglich, die Attribute mehrerer Objekte zu vergleichen und gleichzeitig zu ändern. Die Klasse der Objekte, deren Parameter verglichen werden sollen, kann im linken oberen Fenster ausgewählt werden. Dort sind alle Klassen der Bausteinbibliothek in alphabetischer Reihenfolge aufgeführt. Die ausgewählte Klasse wird jeweils im mittleren Informationsfenster angezeigt. Diesem Fenster kann auch eine Aufzählung aller dargestellten Parameter dieser Objektklassen entnommen werden. Will der Benutzer einen bestimmten Parameter ändern, kann er durch Anklicken dieses Parameters die entsprechende Änderungsfunktion aufrufen. Welche Parameter über die Parameteroberfläche verändert werden können, legt der Benutzer individuell fest. Einzelne Spalten der Tabelle können über den Menüpunkt "Parameter aus Tabelle entfernen" gelöscht werden. Entsprechend ist durch Auswahl eines Parameters im Menü "Parameter in Tabelle aufnehmen" die Erweiterung der Parameterliste möglich. Das Fenster "Kontrolle" enthält darüber hinaus Möglichkeiten zum Speichern von Modellen nach Parameteränderungen und zum Wechsel auf andere Oberflächen.

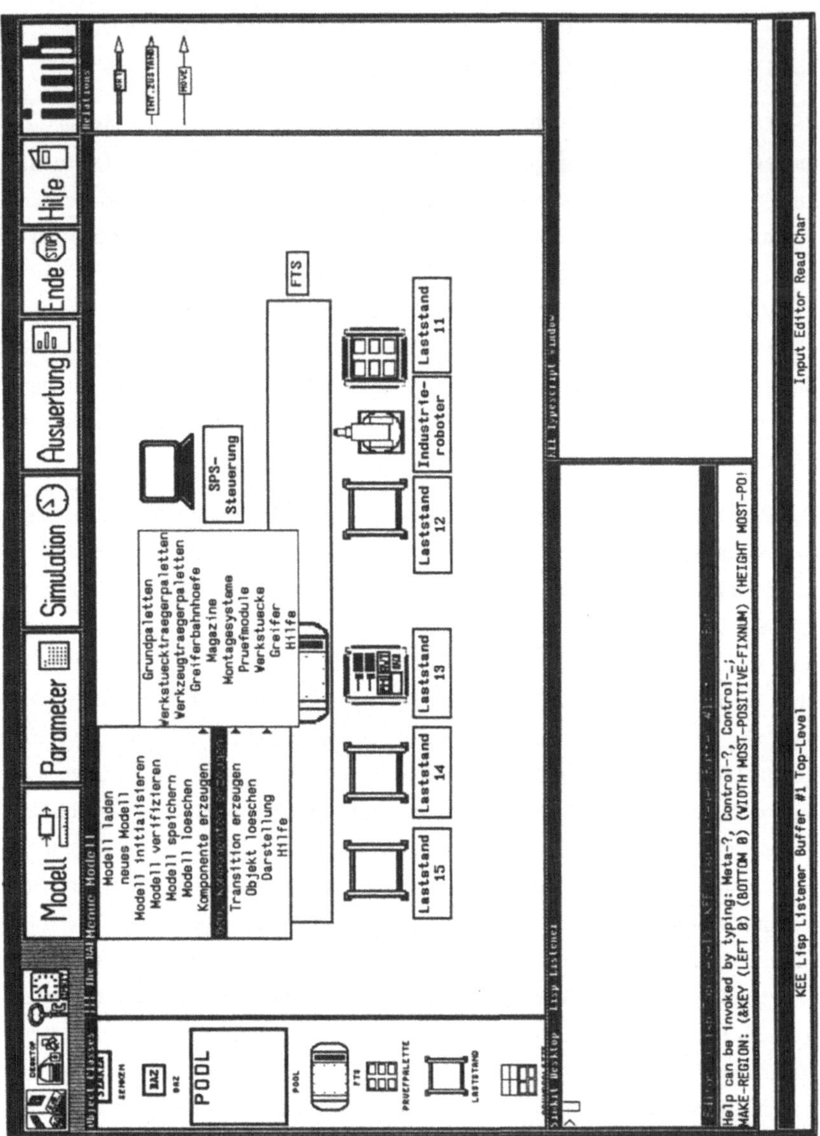

*Bild 7-4: Die Hauptoberfläche des entwickelten Simulationswerkzeugs*

PARAMETEROBERFLAECHE

**Klassen**

LASTSTAND
MAGAZIN
MONTAGESYSTEME
MOVE
ORT
POOL
PRODUKTIONS-AUFTRAG
PRUEFMODUL

**Information**

ORT
von Modell  RAFI
Im Parameterfenster werden folgende Parameter angezeigt:
BENOETIGTE.ZEIT
STARTPUNKT
ENDPUNKT
STARTBEDINGUNGEN
WAS.WIRD.BEWEGT.SPEZIFIKATION

**Kontrolle**

Hauptoberflaeche
Simulationsoberflaeche
Auswertungsoberflaeche
Modell speichern
Parameter in Tabelle aufnehmen
Parameter aus Tabelle entfernen
Hilfe

**Parameter**

| Objekt | ZEIT | STARTPUNKT | ENDPUNKT | STARTBEDINGUNGEN | WAS.WI |
|---|---|---|---|---|---|
| FERTIGE.PAL.ABGEBEN | 100.0 | FTS.4 | SENKEN.3 | (#[Slot: WAS.WIRD.BEWEGT FERTIGE.PAL.ABGEBEN RAFI OWN] I_ORT FTS.4)<br>(FTS.4 I_BELEGUNG #[Slot: WAS.WIRD.BEWEGT FERTIGE.PAL.ABGEBEN RAFI OWN])<br>(FTS.4 I_ORT SENKEN.3)<br>(FTS.4 STATUS BELEGT) | (GRUND |
| ORIG.PAL.ABGEBEN | 200.0 | FTS.4 | LASTSTAND.7 | (#[Slot: WAS.WIRD.BEWEGT ORIG.PAL.ABGEBEN RAFI OWN] I_ORT FTS.4)<br>(FTS.4 I_BELEGUNG #[Slot: WAS.WIRD.BEWEGT ORIG.PAL.ABGEBEN RAFI OWN])<br>(FTS.4 I_ORT LASTSTAND.7)<br>(LASTSTAND.7 STATUS FREI) | GRUNDP |
| ORIG.PAL.ABHOLEN | 100.0 | QUELLEN.2 | FTS.4 | (#[Slot: WAS.WIRD.BEWEGT ORIG.PAL.ABHOLEN RAFI OWN] I_ORT QUELLEN.2)<br>(QUELLEN.2 I_BELEGUNG #[Slot: WAS.WIRD.BEWEGT ORIG.PAL.ABHOLEN RAFI OWN])<br>(FTS.4 I_ORT QUELLEN.2)<br>(FTS.4 STATUS FREI) | GRUNDP |
| TO.12 | 20 | NIL | NIL | (#[Slot: WAS.WIRD.BEWEGT TO.12 RAFI OWN] I_ORT #[Slot: STARTPUNKT TO.12 RAFI OWN])<br>(#[Slot: STARTPUNKT TO.12 RAFI OWN] I_BELEGUNG #[Slot: WAS.WIRD.BEWEGT TO.12 RAFI OWN])<br>(TRANSPORTROBOTER.10 STATUS FREI) | (MAGAZ |
| TO.17 | 20 | NIL | NIL | (#[Slot: WAS.WIRD.BEWEGT TO.17 RAFI OWN] I_ORT #[Slot: STARTPUNKT TO.17 RAFI OWN])<br>(#[Slot: STARTPUNKT TO.17 RAFI OWN] I_BELEGUNG #[Slot: WAS.WIRD.BEWEGT TO.17 RAFI OWN])<br>(TRANSPORTROBOTER.10 STATUS FREI) | (MAGAZ |
| TO.22 | 10 | NIL | TRANSPORTROBOTER.10 | (TRANSPORTROBOTER GERUESTETE.WERKZEUGE NIL)<br>(#[Slot: WAS.WIRD.BEWEGT TO.22 RAFI OWN] I_ORT #[Slot: STARTPUNKT TO.22 RAFI OWN])<br>(#[Slot: STARTPUNKT TO.22 RAFI OWN] I_BELEGUNG #[Slot: WAS.WIRD.BEWEGT TO.22 RAFI OWN])<br>(TRANSPORTROBOTER.10 STATUS FREI) | (GREIF |
| TO.23 | 55 | NIL | NIL | (#[Slot: WAS.WIRD.BEWEGT TO.23 RAFI OWN] I_ORT #[Slot: STARTPUNKT TO.23 RAFI OWN])<br>(#[Slot: STARTPUNKT TO.23 RAFI OWN] I_BELEGUNG #[Slot: WAS.WIRD.BEWEGT TO.23 RAFI OWN])<br>(TRANSPORTROBOTER.10 STATUS FREI)<br>(#[Slot: STARTPUNKT TO.23 RAFI OWN] STATUS BELEGT) | (VERKS |
| TO.25 | 40 | NIL | NIL | (TRANSPORTROBOTER.10 GERUESTETE.WERKZEUGE GREIFER)<br>(#[Slot: WAS.WIRD.BEWEGT TO.25 RAFI OWN] I_ORT #[Slot: STARTPUNKT TO.25 RAFI OWN]) | (VERKS |

KEE Lisp Listener Buffer #1 Top-Level          Input Editor Read Char

*Bild 7-5:  Die Parameteroberfläche des entwickelten Simulationswerkzeugs*

Die Simulationsoberfläche (Bild 7-6) dient der Durchführung von Simulationsläufen. Neben Funktionen für Simulationsstart und -stop und die Wahl der Simulationsgeschwindigkeit werden insbesondere Funktionen zur Verfügung gestellt, die für den Test von Steuersoftware notwendig sind. Über den Menüpunkt "Wahl einer Steuerung" kann eine einzelne Steuerung ausgewählt werden, für die ein Bedienpult geöffnet wird, mit dessen Hilfe die Simulation bzw. die Steuerung gestartet und vom Benutzer bedient werden kann. Soll statt der simulierten Steuerung die Originalsteuerung an das Modell gekoppelt werden, wird über den Menüpunkt "Wahl eines Modus" für diese Steuerung von "manuell" auf "automatisch" umgeschaltet.

Eine während eines Simulationslaufes mitlaufende Animation ermöglicht die Beobachtung der Abläufe innerhalb eines Simulationsmodelles. Darüber hinaus kann sich der Benutzer individuell einzelne Zustände im Simulationsmodell anzeigen lassen. Für besonders häufig auftretende Fehler in Ablaufvorschriften, wie das Starten von noch nicht geladenen Programmen, sind entsprechende Fehlermeldungen vorgesehen. Zusammen mit der Möglichkeit einer schrittweisen Abarbeitung des Simulationsprogrammes sind damit auf seiten der Simulation die Vorraussetzungen geschaffen, in Verbindung mit den Debuggingmöglichkeiten der Entwicklungsumgebung für Steuersoftware eine effektive Analyse von Fehlern in Ablaufvorschriften durchzuführen.

Besonders im Rahmen von Materialflußuntersuchungen kommt es darauf an, während eines Simulationslaufes die für die Analyse des Materialflußes benötigten Kenngrößen des Systems aufzuzeichnen. Dies sind im einzelnen die Auslastung der Betriebsmittel, die erzielten Durchlaufzeiten und die sich daraus ergebenden Terminabweichungen sowie die Bestände im System. Möchte der Benutzer bestimmte Auswertungen analysieren, wählt er auf der Auswertungsoberfläche (Bild 7-7) die gewünschte Modellkomponente und die Art der Darstellung aus. Die aufgezeichneten Daten werden dann in graphisch aufbereiteter Form präsentiert. Um beim Vergleich der Ergebnisse mehrerer Simulationsläufe die Übersichtlichkeit sicherzustellen, kann der Benutzer für die Darstellung der Ergebnisse weitere Auswertungsoberflächen öffnen.

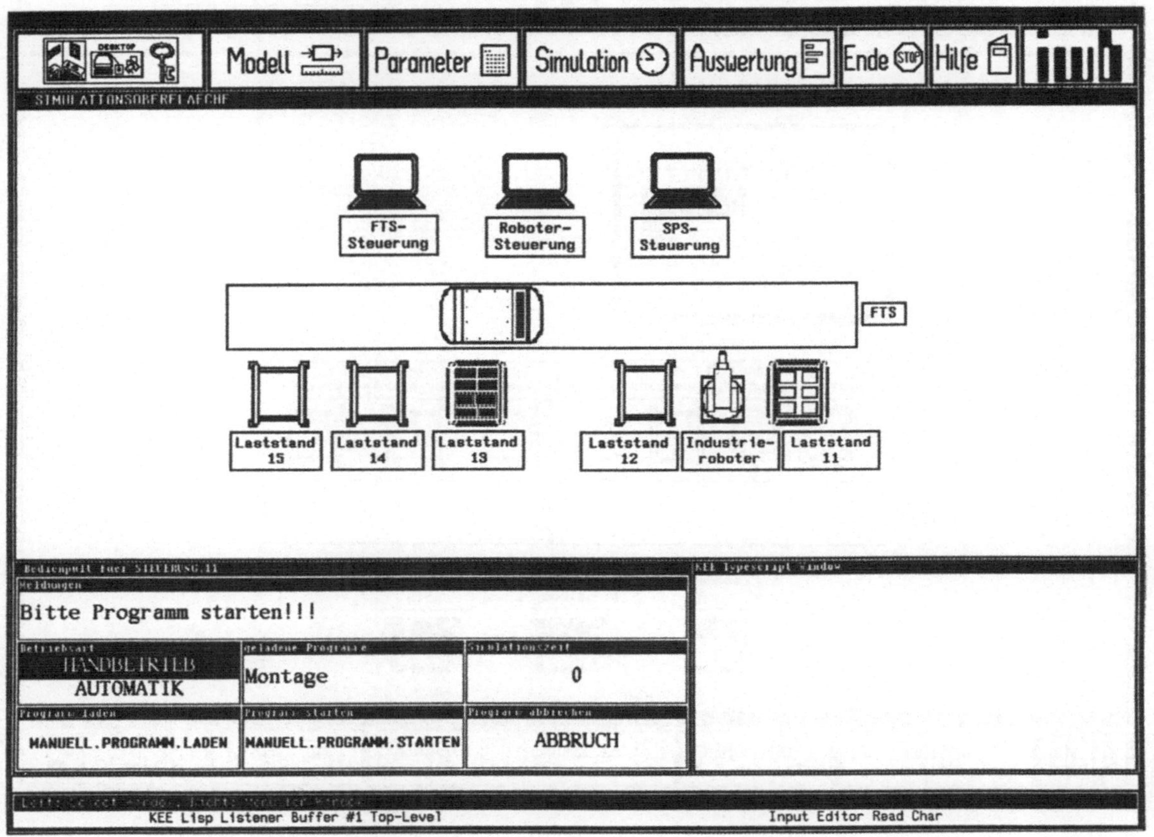


Bild 7-6: *Die Simulationsoberfläche des entwickelten Simulationswerkzeugs*

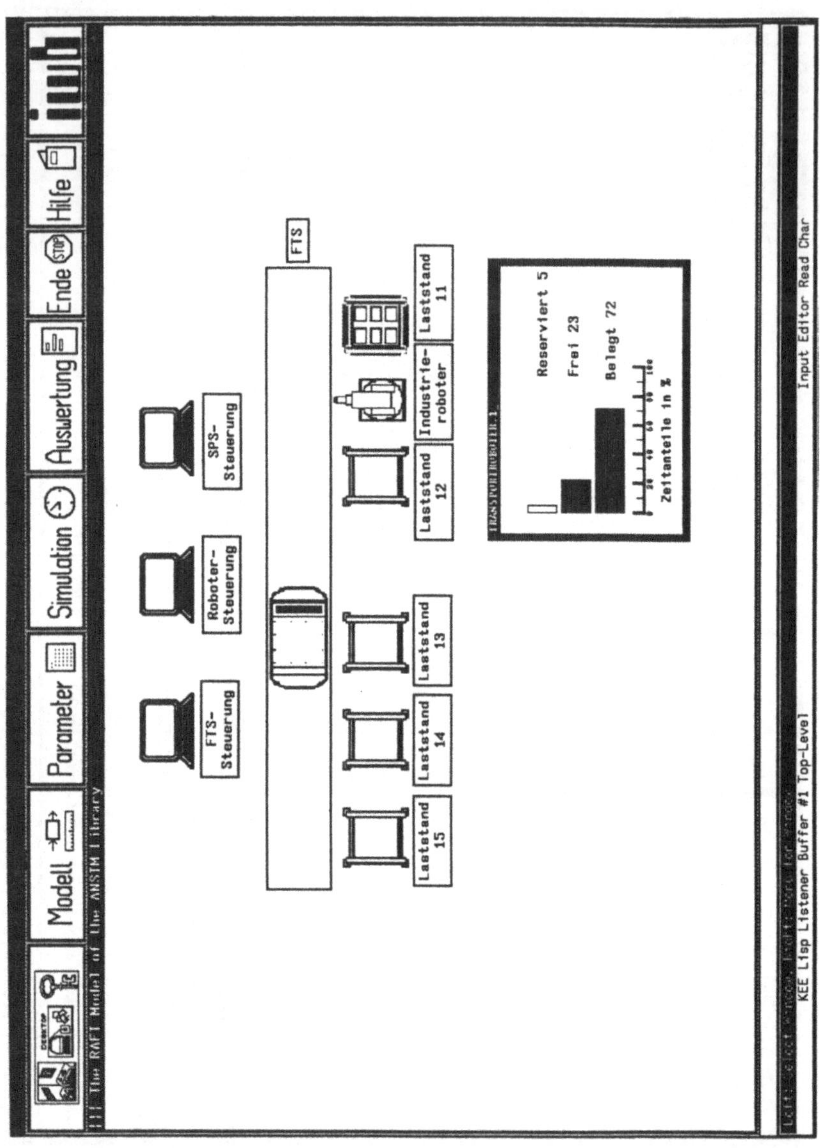


*Bild 7-7:  Die Auswertungsoberfläche des entwickelten Simulationswerkzeugs*

## 7.4    Zusammenfassung

In Bild 7-8 ist abschließend der Aufbau des entwickelten Simulationswerkzeuges im Überblick dargestellt. Die Basis des Gesamtsystems bildet die
funktionale Programmiersprache LISP. Auf dieser Programmiersprache bauen
die Expertensystemshell KEE sowie deren Erweiterungsmodul SimKit für den
Aufbau eines wissensbasierten Simulationswerkzeuges auf. SimKit stellt eine
Wissensbasis zur Verfügung, die das simulationspezifische Wissen enthält.
Für den Aufbau geeigneter Simulationsmodelle von Produktionssystemen ist
noch eine weitere Wissensbasis erforderlich, die das für die Simulation relevante anlagenspezifische Wissen enthält. Der Aufbau dieser Modellbaustein-

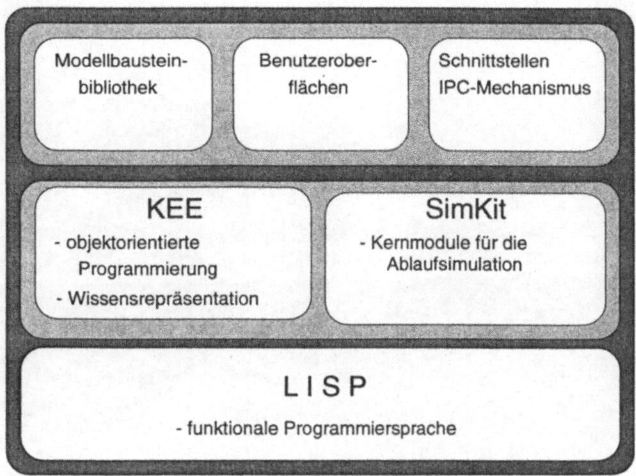


*Bild 7-8:   Der Aufbau des Simulationswerkzeugs im Überblick*

bibliothek erfolgt mit Hilfe von KEE, das die objektorientierte Programmie-
rung der Modellbausteine ermöglicht und unterschiedliche Techniken für die
Wissensrepräsentation zur Verfügung stellt. Zusammen mit den entwickelten
Benutzeroberflächen und Schnittstellen ergibt sich ein benutzerfreundliches
Simulationswerkzeug, das sowohl für konventionelle Materialflußuntersuchun-
gen als auch als Testumgebung für Steuersoftware eingesetzt werden kann.

# 8 Simulation eines Kleingeräte-Montagesystems

## 8.1 Aufgabenstellung

Um die Eignung des entwickelten Simulationswerkzeuges für die Durchführung von Materialflußuntersuchungen und den Test von Steuersoftware nachzuweisen, wird sein Einsatz im Rahmen der Planung eines flexiblen Kleingeräte-Montagesystems vorgestellt. In diesem Kleingeräte-Montagesystem werden die Produkte Reihenschalter, Druckluftventil und Bohrgetriebe in Baugruppenmontage produkt- und variantenflexibel montiert. Dazu werden alle

*Bild 8-1: Das geplante flexible Montagesystem*

für die Montage notwendigen Bauteile und Komponenten losweise auf Paletten gerüstet, die mit Hilfe eines Fahrerlosen Transportsystems (FTS) bewegt und auf Laststände gesetzt werden können (Bild 8-1). Dort findet die Bearbeitung der Montageaufträge durch Industrieroboter statt. Das Palettensystem ermöglicht ein schnelles Reagieren auf veränderte Marktanforderungen und die Parallelschaltung von Bearbeitungs- und Rüstzeiten. Bauteile und Komponenten werden auf kleineren Paletten untergebracht. Die großen Montagepaletten besitzen Steckplätze, in welche diese Module durch den Roboter eingesetzt werden können. Durch diese Baukasten-Strukturierung der Montagevorrichtungen wird eine schnelle Konfiguration des Systems für neue Montageaufgaben möglich. Alle Palettentypen sind mit Standardschnittstellen für Strom und Druckluft ausgestattet und können innerhalb ihrer Größenklasse beliebig untereinander ausgetauscht werden. Um die Vorteile flexibler Montagesysteme voll nutzen zu können, ist eine Sensorik erforderlich, die sich mit den speziellen Anforderungen dieser Systeme auseinandersetzt. Diese Forderung wird von flexiblen Universalsensoren erfüllt. Als Beispiel für einen flexiblen Universalsensor stellt Wendt in /WEND92/ einen frei programmierbaren Lasersensor vor, der auch in dem hier vorgestellten flexiblen Kleingeräte-Montagesystem zum Einsatz kommt.

Die Aufgabenstellung besteht zunächst darin, die Taktzeiten zu bestimmen, die für die einzelnen Montagestationen erforderlich sind, um ein gegebenes Auftragsspektrum termingerecht abarbeiten zu können. Eine rein analytische Bestimmung der Taktzeiten ist nicht möglich, da die einzelnen Montagezellen eingebettet in das Gesamtsystem betrachtet werden müssen. Insbesondere die Auswirkungen der Verknüpfung der Einzelstationen über das gemeinsame Materialflußsystem kann analytisch nur schwer vorausbestimmt werden. Die Untersuchung der wechselseitigen Beeinflußung der Teilsysteme ist mit vertretbarem Aufwand nur simulativ möglich. Deshalb wird mit dem entwickelten Simulationswerkzeug auf relativ hohem Abstraktionsniveau ein Simulationsmodell aufgebaut, mit dem die Leistungsfähigkeit des entworfenen Montagesystems untersucht werden kann.

Im weiteren Verlauf der Planung müssen die für die Steuerung der Montagezellen benötigten Ablaufvorschriften entwickelt werden. Für diese Aufgabe wird der in Kapitel 5 vorgestellte Flußdiagrammeditor und Debugger eingesetzt. Mit Hilfe dieser Ablaufvorschriften, die von übergeordneten Zellensteuerungen abgearbeitet werden, erfolgt die auftragsabhängige Koordination der in den Montagezellen eingesetzten Einzelsteuerungen. Der Test und die

Optimierung der Ablaufvorschriften erfolgt mit Hilfe der Simulation. Dazu wird das zuvor für die Materialflußuntersuchung eingesetzte Simulationsmodell, nach einer entsprechenden Detaillierung, wiederverwendet.

Nach Abschluß der Entwicklung und Optimierung der benötigten Ablaufvorschriften werden diese automatisch in die Zielsprache der für die übergeordnete Steuerung der Montagezellen eingesetzten Zellenrechner /GROH88/ übersetzt. Das Ergebnis dieses Arbeitsschrittes wird nochmals überprüft, indem die Originalsteuerungen an das Simulationsmodell angeschlossen werden.

## 8.2 Einsatz der Simulation für Materialflußuntersuchungen

Für die Klärung der beschriebenen Aufgabenstellung im Rahmen der ersten Planungsphasen ist eine Modellierung auf einem hohen Abstraktionsniveau ausreichend. Das mit Hilfe des entwickelten Simulationswerkzeuges aufgebaute Simulationsmodell ist in Bild 8-2 abgebildet.

Das Modell setzt sich aus drei Montagestationen zusammen, die über ein gemeinsames FTS mit der Kommissionierzelle verknüpft sind. Die Kommissionierzelle wird im Modell als Quelle berücksichtigt. Die fertig bearbeiteten Paletten werden an die Senke abgegeben. Der Gesamtablauf innerhalb des flexiblen Kleingeräte-Montagesystems wird in der Simulation wie folgt nachgebildet: Die Quelle generiert innerhalb einer auftragsabhängigen Taktzeit entsprechend dem vorgegebenen Mengengerüst fertig kommissionierte Paletten, die vom FTS zu einer freien Montagezelle transportiert werden. Das FTS wird freigegeben, die benötigte Montagezeit auftragsabhängig berechnet und im Simulationsmodell die Fertigstellung des Auftrages geplant. Ist die Simulationszeit zu diesem Zeitpunkt fortgeschritten, wird wiederum das FTS angefordert, das, sofern es frei ist, den Abtransport der Palette zur Senke durchführt. Damit kann der nächste Auftrag in die Montagezelle eingelastet werden.

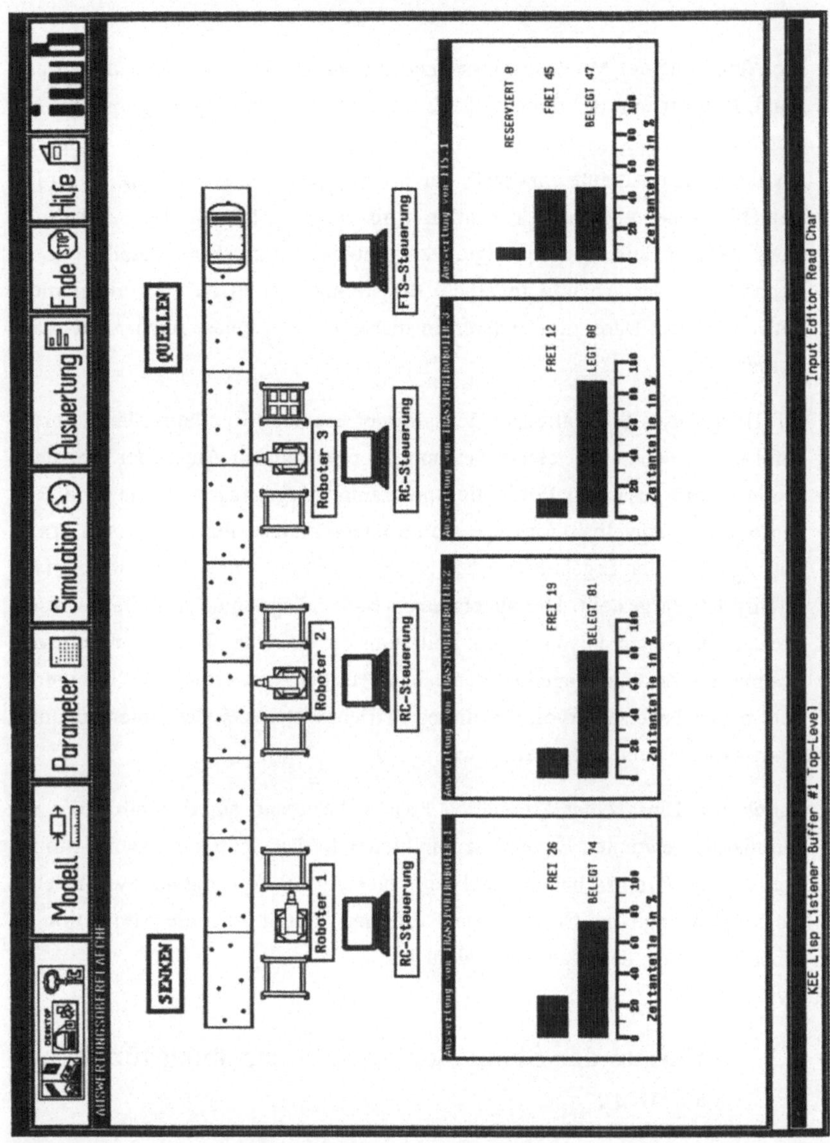


*Bild 8-2: Das Simulationsmodell des flexiblen Montagesystems*

Die Abbildung der Montagestationen erfolgt mittels der Modellbausteine Laststand, Roboter und RC-Steuerung. Es erfolgt bereits zu diesem Zeitpunkt eine klare Trennung zwischen Material- und Informationsfluß, auch wenn die Abbildung der Abläufe innerhalb der Montagezelle stark vereinfacht erfolgt. Mit Hilfe einer einzelnen Transition wird lediglich die für die Bearbeitung eines Montageauftrags benötigte Zeit berücksichtigt. Eine detailgetreuere Nachbildung der Abläufe innerhalb der Montagezellen ist zum einen nicht notwendig und wäre zum anderen in dieser Planungsphase auch nicht realisierbar.

Mit Hilfe dieses Simulationsmodells wurden mehrere Simulationsläufe durchgeführt, bei denen von einem bestimmten prozentualen Anteil der einzelnen Produkte am gesamten Produktionsprogramm ausgegangen wurde. Die Reihenfolge der einzelnen Aufträge wurde über Zufallszahlengeneratoren ermittelt. Ein Teil der Ergebnisse eines derartigen Simulationslaufes ist ebenfalls in Bild 8.2 dargestellt. Die abgebildeten Balkendiagramme geben an, wieviel Prozent des gesamten simulierten Zeitraums die einzelnen Betriebsmittel einen bestimmten Zustand eingenommen haben. Aus der Auswertung für "Roboter.1" geht beispielsweise hervor, daß dieses Betriebsmittel 26% des Untersuchungszeitraums frei und 74% belegt war.

Durch den Einsatz der Simulation konnte, basierend auf den mit Hilfe der Simulation gewonnen Ergebnissen und unter Berücksichtigung der im Modell getroffenen Vereinfachungen, frühzeitig eine erste Bewertung der dynamischen Zusammenhänge im Gesamtsystem erfolgen. Damit trug die Simulation zu einer Erhöhung der Planungsqualität bei.

## 8.3  Einsatz der Simulation als Testumgebung für Steuersoftware

Nachdem das Simulationsmodell als Hilfsmittel bei der kapazitiven Auslegung des Kleingeräte-Montagesystems eingesetzt wurde, soll es nun als Testumgebung bei der Entwicklung und Optimierung der benötigten Ablaufvorschriften Verwendung finden. Dazu muß eine Erweiterung des Simulationsmodelles in der Art und Weise vorgenommen werden, daß das Simulationsmodell aus Sicht der realen Steuerung das gleiche Schnittstellenverhalten aufweist wie die reale Anlage. Dafür ist eine wesentlich detailliertere Nachbildung der Montagezellen erforderlich.

Erstens muß die Sensorik nachgebildet werden, die in den Montagezellen zum Einsatz kommt. Dies geschieht zum einen indem neue, zustandsbeschreibende deklarative Attribute an Komponenten vergeben werden, zum anderen werden vorhandene Zustandsvariablen als Variablen gekennzeichnet, die durch einen Sensor erfaßt werden. Zweitens müssen die zum Einsatz kommenden RC-, NC- und SPS-Programme so nachgebildet werden, daß sämtliche Zustandsänderungen, die durch die Abarbeitung der Programme in der realen Anlage ausgelöst werden, entsprechend im Simulationsmodell auftreten. Dazu ist es erforderlich, eine detailgetreuere Nachbildung der Betriebsmittel innerhalb des Produktionssystems vorzunehmen. Schließlich müssen im Simulationsmodell auch Zellensteuerungen nachgebildet werden, sofern ein Informationsaustausch mit der jeweils zu testenden Ablaufvorschrift stattfindet.

Die vorgenommenen Modellerweiterungen werden im folgenden am Beispiel der Montagezelle für variantenreiche Reihenschalter erläutert. Die unterschiedlichen Varianten beziehen sich auf die Farbe der montierten Taster. Um parallel zur Montage weiterer Schalter bereits montierte Schalter prüfen zu können, befindet sich auf dem zweiten Laststand in der Montagezelle stationär eine Prüfpalette. Zu Beginn des Montagevorganges werden die auf der kommisionierten Grundpalette angelieferten Prüfmodule auf die Prüfpalette umgesetzt. Erst dann beginnt der eigentliche Montageprozeß.

Eine wesentliche Erweiterung bei der Modellierung der Betriebsmittel stellt die Abbildung der Paletten dar (Bild 8-3). Auf der vollständig kommissionierten Grundpalette für Reihenschalter befinden sich eine Vielzahl von Modulen, die nun in der Simulation berücksichtigt werden müssen. Auf zwei Werkstückträgerpaletten sind diejenigen Schalter und Taster, die montiert werden sollen. Zusätzlich befinden sich eine weitere Werkstückträgerpalette als Zwischenspeicher, ein Greiferbahnhof mit den benötigten Greifern und eine Abtakt- und Vereinzelungsvorrichtung auf der Palette. Mit Hilfe eines

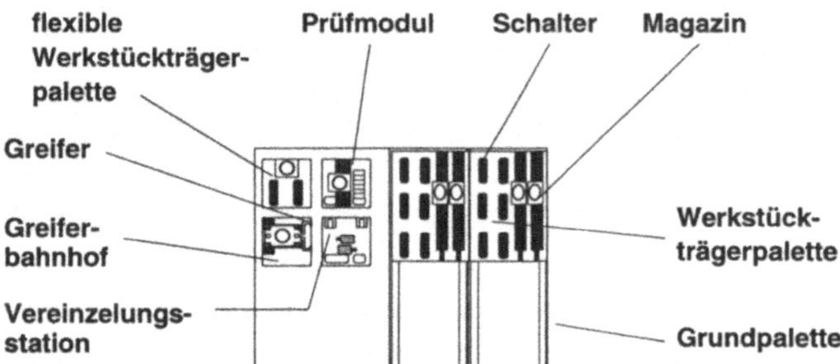


*Bild 8-3: Modellierung der Paletten im Simulationsmodell*

Prüfmodules wird der montierte Schalter auf seine Funktionstüchtigkeit überprüft. Die Überprüfung, ob die richtigen Taster montiert wurden, kann mit
dem Lasersensor durchgeführt werden, der zuvor auch für die Überprüfung
der Anwesenheit der einzelnen Module eingesetzt wurde. Dazu muß allerdings
das in der Steuerung des Lasersensors geladene Abtastprogramm neu para-
metrisiert werden.

Die weiteren Modellveränderungen beziehen sich auf die Abbildung des Informationsflusses und der eingesetzten RC- und SPS-Programme. Für die
Abbildung des Informationsflusses ist die zusätzliche Berücksichtigung der
speicherprogrammierbaren Steuerungen für Lasersensor und Prüfmodul erforderlich.

Am Beispiel des RC-Programmes, das die Umsetzung der für die Prüfung
benötigten Module auf die Prüfpalette vornimmt, wird in Bild 8-4 die Abbildung eines Programmes mit Hilfe von Transitionen erläutert. SB stellen
jeweils Startbedingungen dar, die erfüllt sein müssen, damit die Transition
gestartet wird und ZÄ die Zustandsänderungen, die durch die Transitionen
ausgelöst werden. Bei Transitionen wird differenziert zwischen internen Zustandsänderungen TI und Ortswechseltransitionen TO.

Nachdem die Erweiterung des Simulationsmodells abgeschlossen ist, wird es
nun als Testumgebung bei der Entwicklung der benötigten Ablaufvorschriften
eingesetzt.

| Transition | Funktion | Startbed.(SB) | Zustandsänd.(ZÄ) |
|---|---|---|---|
| TI.1 | Zustandsänderung des Roboters | Palette vorhanden | Status: "rüsten" |
| TO.1 | Magazin mit den weißen Tastern wird zur Vereinzelungsvorrichtung transportiert | Magazin vorhanden | |
| TO.2 | Magazin mit den gelben Tastern wird zur Vereinzelungsvorrichtung transportiert | Magazin vorhanden | |
| TO.3 | Flexible Werkstückträgerpalette wird vom Roboter auf der Prüfpalette abgelegt | WP vorhanden | Ort: Prüfpalette |
| TO.4 | Prüfmodul wird vom Roboter auf der Prüfpalette abgelegt | Prüfmodul vorhanden | Ort: Prüfpalette |
| TO.5 | Greiferbahnhof wird vom Roboter auf der Prüfpalette abgelegt | Greiferb. vorhanden | Ort: Prüfpalette |
| TI.2 | Zustandsänderung des Roboters | | Status: "frei" |

*Bild 8-4: Modellierung eines RC-Programms mit Hilfe von Transitionen*

In einem ersten Schritt erfolgt zunächst mit Hilfe des in die Simulationsumgebung integrierten Flußdiagrammeditors (fce) die Definition der benötigten Ablaufvorschrift für die betrachtete Montagezelle für Reihenschalter (Bild 8-5). Um die Wechselwirkung mit den Zellensteuerungen der anderen Montagezellen und dem Materialflußzellenrechner zu berücksichtigen, werden diese zunächst in der Simulation in ihrem relevanten Verhalten berücksichtigt. Im weiteren Verlauf der Softwareentwicklung werden aber alle simulierten Zellensteuerungen schrittweise durch mit Hilfe des fce erstellte Ablaufvorschriften ersetzt. Ein Ausschnitt der zur Steuerung der Montagezelle für Reihenschalter notwendigen Ablaufvorschrift ist in Bild 8-6 dargestellt. Diese Ablaufvorschriften wurden mit Hilfe des vorgestellten fce erstellt. In dem vergrößert abgebildeten Teilabschnitt wird die Abfolge von 4 RC-Programmen gesteuert. Es handelt sich dabei um die RC-Programme für den eigentlichen Montagevorgang, das Auswechseln der Tastermagazine, das Einlegen eines

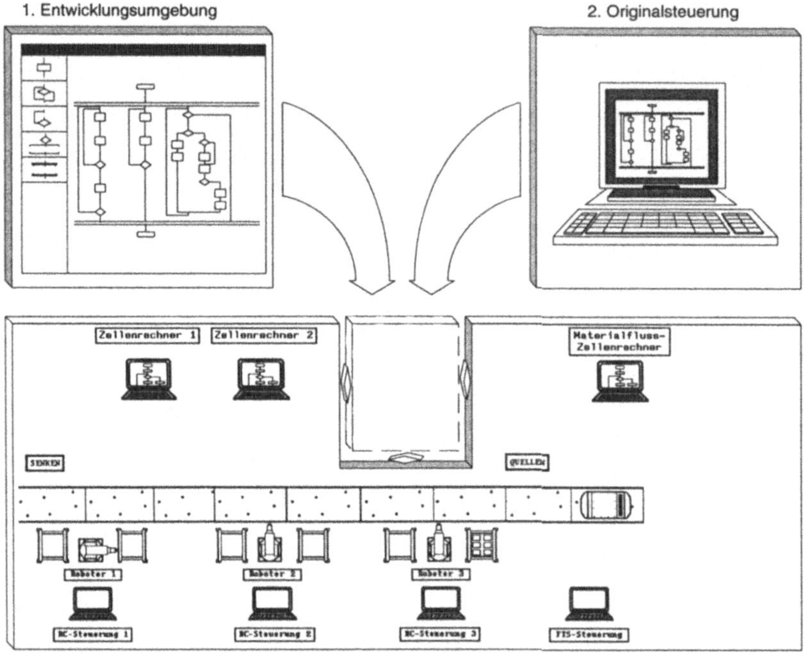


*Bild 8-5:   Test der Steuersoftware mit Hilfe der Simulation*

Taster in die Prüfvorrichtung und die Entnahme aus der Prüfvorrichtung. Ist ein Magazinwechsel erforderlich, wird das entsprechende, in der Simulation nachgebildete RC-Programm in die Steuerung geladen und der Abschluß des Ladevorganges an die Ablaufvorschrift gemeldet. Danach startet die Ablaufvorschrift das RC-Programm für den Magazinwechsel. Nach erfolgtem Magazinwechsel leitet die Ablaufvorschrift die Fortsetzung der Tastermontage ein. Sind Montage und Prüfung komplett abgeschlossen, generiert die Ablaufsteuerung einen Transportbefehl an die für das FTS zuständige Zellensteuerung. Diese Steuerung veranlaßt dann den Abtransport der Palette.

Wie aus dem vorgestellten Beispiel hervorgeht, können selbst Ablaufpläne für vergleichsweise einfache Aufgabenstellungen relativ schnell komplex werden. Durch den frühzeitigen Test der entwickelten Ablaufvorschriften mit Hilfe der

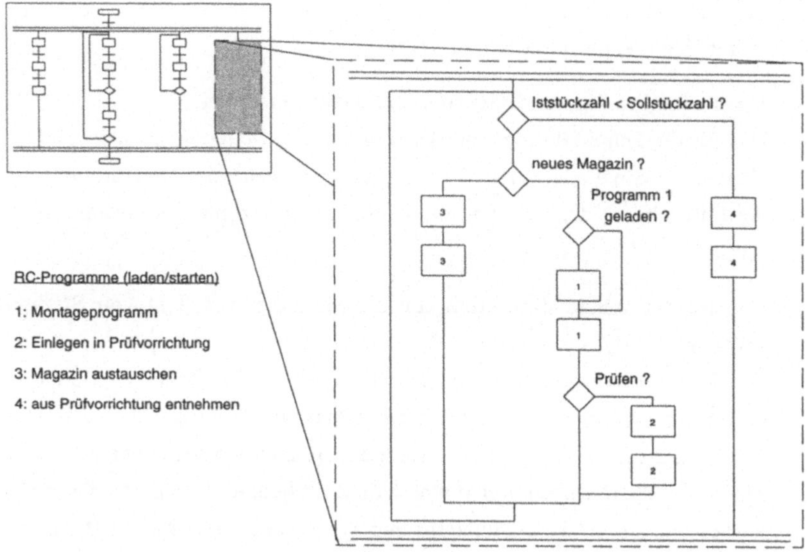


*Bild 8-6:   Ablaufvorschrift für die Montage des Reihenschalters*

Simulation können logischer Fehler rechtzeitig erkannt und behoben werden. Außerdem können alternative Ablaufvorschriften in ihrem die Durchlaufzeit betreffenden Verhalten miteinander verglichen und optimiert werden.

Nachdem die Entwicklung und der Test der mit Hilfe des fce erstellten Ablaufvorschriften abgeschlossen ist, werden die bereits optimierten Ablaufvorschriften in die Zielsprache der eingesetzten Zellensteuerung übersetzt. Im Anschluß daran, können die simulierten Zellensteuerung nun wiederum schrittweise durch die Originalsteuerungen ersetzt werden (Bild 8-5). Damit kann beispielsweise überprüft werden, ob bei der Übersetzung Fehler aufgetreten sind. Schließlich werden wiederum sämtliche simulierte Zellensteuerungen durch die Originalsteuerungen ersetzt. Damit ist es möglich, noch vor dem Aufbau des flexiblen Montagesystems das für den reale Betrieb vorgesehene Informationsverarbeitungssystem zu testen.

## 8.4    Diskussion der Ergebnisse

Anhand des vorgestellten Beispiels konnten folgende Eigenschaften der entwickelten Simulationsumgebung aufgezeigt werden:

- **Durchgängige Verwendung von Simulationsmodellen**
  Das für die Durchführung einer konventionellen Materialflußuntersuchung eingesetzte Simulationsmodell wird nach entsprechender Detaillierung für die Entwicklung den Test und die Optimierung von Steuersoftware eingesetzt.

- **Einsatz der Ablaufsimulation für Entwicklung und Test von Steuersoftware**
  Die Entwicklung, Optimierung und der Test der im flexiblen Montagesystem benötigten Ablaufvorschriften erfolgt simulationsgestützt. Die Definition der Ablaufvorschriften erfolgt dabei nicht wie bei konventionellen Simulationswerkzeugen üblich innerhalb der Simulation, sondern durch ein eigenständiges, in die Simulationsumgebung integriertes Modul (fce).

- **Direkte Weiterverwendung der entwickelten Steuersoftware**
  Die mit Hilfe des fce entwickelten Ablaufvorschriften können, wie von Dangelmaier in /DANG92/ gefordert, direkt in die Zielsprache der eingesetzten Zellenrechner umgesetzt werden. Die Originalsteuerungen können über den Tool- und Message-Manager direkt an das Simulationsmodell gekoppelt werden, womit der Test der Originalsteuersoftware möglich ist.

- **Hohe Benutzerfreundlichkeit**
  Die universelle Einsetzbarkeit der entwickelten Simulationsumgebung geht nicht auf Kosten der Benutzerfreundlichkeit. Die benötigten Simulationsmodelle können schnell aufgebaut und modifiziert werden.

Zusammenfassend kann anhand des vorliegenden Beispiels gezeigt werden, daß mit der entwickelten, modularen Simulationsumgebung der durchgängige Einsatz der Ablaufsimulation für konventionelle Materialflußuntersuchungen sowie die Entwicklung und den Test von Steuersoftware möglich ist. Für den betriebsbegleitenden Einsatz der Simulation ist mit der Möglichkeit der direkten Kopplung des Simulationsmodelles an die Originalsteuerungen eine wesentliche Voraussetzung erfüllt.

# 9 Ausblick

Mit dem im Rahmen dieser Arbeit entwickelten System erfolgt der Übergang vom Einsatz eines einzelnen Simulationswerkzeuges, das sich für die Bearbeitung einer bestimmten Aufgabenstellung eignet, zu einer Simulationsumgebung, in der die entwickelten Ablaufsimulationsmodelle für unterschiedliche Zwecke genutzt werden können. Die Simulationsumgebung enthält im derzeitigen Entwicklungsstadium ein wissensbasiertes Ablaufsimulationswerkzeug, einen Flußdiagrammeditor und Debugger für die Entwicklung von Steuerprogrammen sowie eine reale Steuerung, für die Abarbeitung der Steuerprogramme. Die Verwaltung der einzelnen Hilfsmittel erfolgt über einen Tool-Manager, dem auch die Aufgabe des Message-Managers zukommt. Dieser koordiniert den Nachrichtenaustausch zwischen den einzelnen Hilfsmitteln. Im Rahmen dieser Simulationsumgebung wird die Ablaufsimulation sowohl für die Durchführung konventioneller Materialflußuntersuchungen, als auch als Entwicklungs- und Testumgebung für die Steuerprogramme eingesetzt. Damit wird gezeigt, daß durch eine geeignete Modellierung von Produktionssystemen, insbesondere eine klare Trennung zwischen Informations- und Materialfluß, sowie entsprechende Schnittstellen, die Wiederverwendung von Simulationsmodellen für unterschiedliche Aufgabenstellungen möglich ist.

Den nächsten Entwicklungsschritt stellt eine Datenbankschnittstelle dar, mit der die Simulationsumgebung an das Fabrikmodell gekoppelt werden kann. Damit ist zum einen die Voraussetzung für den automatischen Modellaufbau und eine datenbankgestützte Verwaltung der Simulationsmodelle und -ergebnisse erfüllt. Zum anderen können die Simulationsergebnisse unmittelbar den anderen, in die Fabrikplanungsumgebung integrierten Hilfsmitteln zur Verfügung gestellt werden.

In der vorliegenden Arbeit wird betont, daß für den durchgängigen Einsatz der Simulation während der gesamten Planung bis zum Betrieb von Produktionssystemen Simulationsmodelle auf unterschiedlichem Abstraktionsniveau erforderlich sind. Mit der entwickelten Simulationsumgebung ist auch eine

Modellierung auf unterschiedlichen Hierarchiestufen möglich, allerdings nur innerhalb der durch das entwickelte Ablaufsimulationswerkzeug gesteckten Grenzen. Wird das Prinzip der hierarchischen Modellierung jedoch konsequent zu Ende gedacht, muß es in Zukunft möglich sein, Modelle auf sehr verschiedenen Abstraktionsniveaus, die entsprechend mit unterschiedlichen Simulationswerkzeugen erstellt wurden, zu einem ablauffähigen Gesamtmodell zu kombinieren /VAND90/. Soll beispielsweise das Verhalten eines bestimmten Teilsystems im Gesamtsystem sehr detailliert untersucht werden, ist es wünschenswert, diesen Ausschnitt mit Hilfe eines Simulationswerkzeuges für die 3D-Bewegungssimulation zu modellieren, während für die Abbildung des restlichen Systems die Modellierung auf Ablaufsimulationsniveau völlig ausreichend ist. Um dies zu ermöglichen, ist die Simulationsumgebung um entsprechende Simulationswerkzeuge und vor allem um ein eigenes Modul zur Durchführung von Experimenten zu erweitern. Die Aufgaben dieses Moduls sollen anhand einer Analogiebetrachtung zur Entwicklung elektronischer Schaltungen definiert werden.

Um eine elektronische Schaltung zu testen, wird mit Hilfe von Standardbausteinen auf einer Versuchsplatine ein Prototyp von ihr aufgebaut. Mittels Signalgeneratoren werden die im späteren Betrieb auftretenden Eingangssignale erzeugt. Die korrekte Reaktion der Schaltung auf diese Eingangssignale wird überprüft, indem durch geeignete Meßgeräte repräsentative Kenngrößen der Schaltung aufgezeichnet werden. Das zu entwickelnde Experimentierfeld muß also zunächst eine "Versuchsplatine" zur Verfügung stellen, auf der einzelne Teilmodelle, die unter Umständen mit verschiedenen Simulationswerkzeugen erstellt wurden, zu einem Gesamtmodell zusammenzustellen. Die einzelnen Teilmodelle können dabei als "Software-IC's" verstanden werden, aus denen eine Schaltung aufgebaut wird /COX86/ (Bild 9-1). Mit Hilfe von Quellen (Signalgeneratoren) werden die Modelleingänge mit den im realen Betrieb auftretenden Eingangsgrößen beaufschlagt, beispielsweise dem späteren Fertigungsprogramm. Die eingespeisten Aufträge müssen nach ihrer Bearbeitung wieder aus den Systemgrenzen entfernt werden. Dazu muß eine Senke vorgesehen werden. Die Komponente Synchronisation ist für die Synchronisierung der Modellzeiten innerhalb der einzelnen

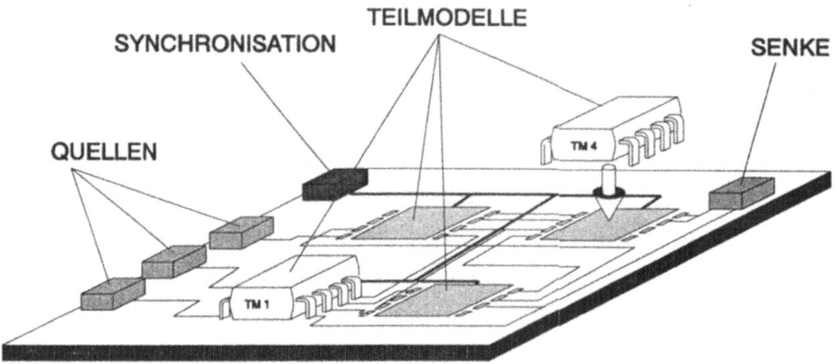


*Bild 9-1:  Aufbau von Simulationsmodellen aus Teilmodellen in einer Experimentierumgebung*

Teilmodelle notwendig. Schließlich muß die Experimentierumgebung "Meß-geräte" zur Verfügung stellen, mit deren Hilfe der Benutzer die Modellvari-ablen, die für ihn von Interesse sind, in der von ihm gewünschten Form aufzeichnen kann.

Mit der Möglichkeit der Kopplung der Simulation an die realen Steuerungen und der Initialisierung des Modells mit einem bestimmten Anfangszustand werden wesentliche Voraussetzungen für einen betriebsbegleitenden Einsatz der Simulation erfüllt. Neben der Entwicklung einer Schnittstelle zur direkten Übernahme der Prozeßdaten (BDE-Daten etc.) ist eine weitere Voraussetzung, die derzeit von keinem kommerziellen und auch von dem im Rahmen dieser Arbeit entwickelten Simulationswerkzeug nicht befriedigend erfüllt wird, die Senkung der Antwortzeiten bei der Durchführung eines Simulationslaufes (vgl. Kapitel 4.4). Nach Ansicht des Verfassers kann die erforderliche Reduktion der Simulationszeit nicht ausschließlich durch eine weitere Leistungssteige-rung der eingesetzten Rechner erreicht werden. Vielmehr muß es gelingen, die Rechenkapazität mehrerer Prozessoren parallel zu nutzen. Diesen Ansatz verfolgt die "verteilte Simulation" /UNGE88/. Bei der verteilten Simulation wird ein Simulationsmodell in mehrere Teilmodelle aufgespalten. Jedem dieser

Teilmodelle wird ein eigener Prozessor zugeordnet (Bild 9-2). Damit kann die Rechenkapazität mehrerer Prozessoren parallel genutzt werden, was mit zunehmender Anzahl verwendeter Prozessoren zwar zu keiner linearen, aber doch erheblichen Reduzierung der Antwortzeiten führt. Bei der Realisierung der verteilten Simulation gilt es zwei Probleme zu lösen. Zum einen müssen die einzelnen Modellteile, die auf verschiedenen Prozessen ablaufen, synchro-

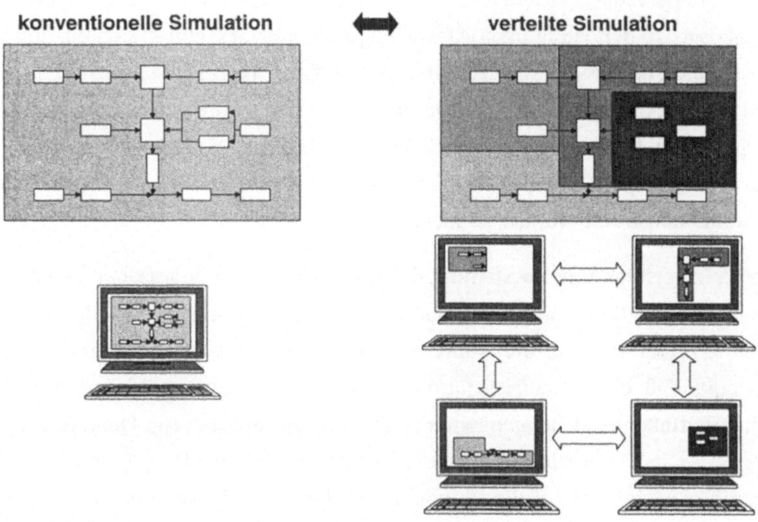


*Bild 9-2: Vorgehen bei der verteilten Simulation*

nisiert werden und zum anderen muß die Aufspaltung des Gesamtmodells so erfolgen, daß möglichst wenig Synchronisationsaufwand erforderlich ist. Für die Lösung dieser Aufgabe werden inzwischen leistungsfähige Hilfsmittel zur Verfügung gestellt. Ein derartiges Werkzeug soll den derzeitigen Simulator von SimKit ersetzen. Die in Kapitel 6 erarbeitete Modellierung von Produktionssystemen kann beibehalten werden. Nach diesem Übergang auf die verteilte Simulation ist der durchgängige Einsatz der Ablaufsimulation von der ersten Grobplanungsphase bis zum abschließenden Betrieb des Produktionssystems möglich.

# 10 Zusammenfassung

Aufgrund der steigenden Komplexität moderner Produktionssysteme kommt es zu wachsenden Schwierigkeiten bei der Planung und beim Betrieb dieser Systeme. Ein Hilfsmittel, das während aller Lebensphasen eines Produktionssystems einen wesentlichen Beitrag zur Bewältigung der sich aus der Komplexität ergebenden Probleme leisten kann, stellt die Ablaufsimulation dar. Im Gegensatz zu den vielfältigen Anwendungsgebieten beschränkt sich ihr Einsatz im Bereich der Produktionstechnik bisher auf den vereinzelten Einsatz für die Lösung eng eingegrenzter Aufgabenstellungen. Die vorliegende Arbeit versteht sich als ein Beitrag zur Entwicklung von Ablaufsimulationswerkzeugen, die durchgängig von den ersten Planungsphasen bis zum Betrieb des Produktionssystems eingesetzt werden können.

Zunächst erfolgt eine Darstellung des Stands der Technik auf dem Gebiet des Einsatzes der Simulation für Planung und Betrieb komplexer Produktionssysteme. Dabei wird auf die Ablaufsimulation besonders eingegangen. Es wird gezeigt, daß die Ablaufsimulation neben ihrer derzeitigen Verwendung für Materialflußuntersuchungen einen wesentlichen Beitrag zur Qualitätssteigerung der in Produktionssystemen eingesetzten Steuersoftware liefern kann. Darüberhinaus wird auf die Möglichkeiten der Ablaufsimulation als Entscheidungshilfsmittel während des Betriebs von Produktionssystemen eingegangen.

Aus den möglichen Einsatzgebieten wird das Anforderungsprofil an ein Ablaufsimulationswerkzeug abgeleitet, das den durchgängigen Einsatz der einmal entwickelten Simulationsmodelle für die unterschiedlichen Aufgabenstellungen erlaubt. Als wesentliche Forderung wird dabei erkannt, daß für diesen umfassenden Einsatz die Integration der Simulation in eine Fabrikplanungsumgebung erforderlich ist. Damit erfolgt der Übergang vom Einsatz eines einzelnen, in sich geschlossenen Simulationswerkzeugs zu einer offenen, modularen Simulationsumgebung.

Aus dem erstellten Anforderungsprofil resultiert ein Konzept für eine geeignete Simulationsumgebung. Dieses Konzept sieht als geeignete Modellierungsmethode den Aufbau von Simulationsmodellen mit Hilfe einer objektorientierten Bausteinbibliothek vor. Außerdem umfaßt es eine Lösung der Schnittstellenproblematik zwischen der Ablaufsimulation und der im Rahmen dieser Arbeit eingesetzten Entwicklungsumgebung für Steuersoftware bzw. den verwendeten Originalsteuerungen. Schließlich beschreibt es die erforderlichen Benutzeroberflächen.

Im nächsten Schritt werden basierend auf einer Systemanalyse realer Produktionssysteme die für die Modellierung benötigten Bausteine und die sie beschreibenden Attribute spezifiziert. Als besonderes Merkmal sieht die entwickelte Bausteinbibliothek eine konsequente Trennung zwischen Bausteinen zur Abbildung der Betriebsmittel und Bausteinen zur Abbildung von Informationsflußkomponenten vor. Diese Aufteilung stellt eine der wesentlichen Voraussetzungen für den Einsatz der Simulation als Entwicklungs- und Testumgebung für Steuersoftware dar. Außerdem wird eine Methode entwickelt, mit deren Hilfe die für den Test von Ablaufvorschriften notwendige Modellierung von NC-, RC- und SPS-Programmen innerhalb der Ablaufsimulation durchgeführt werden kann.

Die Umsetzung der entworfenen Bausteine erfolgt mit der Expertensystemshell KEE (Knowledge Engineering Environment), die eine durchgängig objektorientierte Modellierung ermöglicht. Zusammen mit dem Erweiterungsmodul SimKit (Simulation Kit), das simulationsspezifische Komponenten zur Verfügung stellt, ergibt sich damit ein wissensbasiertes Simulationswerkzeug. Das entwickelte Simulationswerkzeug läßt dem Simulationsexperten die gewünschte Freiheit bei der Modellierung von Produktionssystemen und stellt dem reinen Simulationsanwender einen vordefinierten, schnell erweiterbaren Satz an Modellbausteinen zur Verfügung. Der ungeübte Anwender wird außerdem durch die entwickelten Benutzeroberflächen bei der Durchführung einer Simulationsuntersuchung weitgehend unterstützt.

Die Potentiale der entwickelten Simulationsumgebung werden anschließend an einem Beispiel aus dem Bereich der flexiblen Montage aufgezeigt. Das für die Durchführung einer konventionellen Materialflußuntersuchung eingesetzte Modell wird nach entsprechender Detaillierung als Entwicklungs- und Testumgebung für die auf Zellenebene benötigte Steuersoftware eingesetzt. Die entwickelte Steuersoftware kann direkt in die Zielsprache der eingesetzten Zellensteuerungen übersetzt werden. Die Diskussion der beim Einsatz der Simulationsumgebung gemachten Erfahrungen (Kap. 8.4) zeigt, daß mit der entwickelten Simulationsumgebung der durchgängige Einsatz der Ablaufsimulation ermöglicht wird. Die mit der Wiederverwendbarkeit der einmal erstellten Modelle und der hohen Benutzerfreundlichkeit des entwickelten Simulationswerkzeugs verbundene Aufwandsreduzierung, stellen einen wirtschaftlichen Einsatz der Simulation sicher. Abschließend werden die nächsten, erforderlichen Schritte auf dem Weg der Weiterentwicklung des Simulationswerkzeuges aufgezeigt.

Das mit Abschluß dieser Arbeit vorliegende Simulationswerkzeug stellt einen objektorientierten Bausteinsimulator dar, der flexibel und schnell erweiterbar und in eine Simulationsumgebung integriert ist. Damit wurde ein Hilfsmittel entwickelt, das sich sowohl für den Simulationsexperten als auch den nur gelegentlichen Nutzer der Simulationstechnik eignet. Die Simulationsumgebung erlaubt im derzeitigen Ausbaustadium den Einsatz der Ablaufsimulation für konventionelle Materialflußuntersuchungen sowie als Entwicklungs- und Testumgebung für Steuersoftware. Für die Verwendung während des Betriebs sind wesentliche Voraussetzungen bereits erfüllt. Mit Abschluß der nächsten Entwicklungsphase wird der durchgängige Einsatz der Ablaufsimulation von der ersten Planungsphase bis zum Betrieb des Produktionssystems möglich sein.

# 11 Literatur


/AMAN90/    Amann, W.; Hartberger, H.: Produktionssysteme modellieren und simulieren. In: ZwF, 85, (1990), Nr. 7, S. 348-351.

/BALZ82/    Balzert, H.: Die Entwicklung von Software-Systemen. Reihe Informatik Band 34, Bibliographisches Institut Mannheim, Wien, 1982.

/BART88/    Barth, G.; Welsch, C.: Objektorientierte Programmierung. In: Informationstechnik it, 30, (1988), Nr. 6, S. 404-421.

/BECK91/    Becker, B.-D.: Simulationssystem für Fertigungsprozesse mit Stückgutcharakter. Dissertation, Universität Stuttgart, 1990.

/BRAC92/    Bracht, U.; Friedrich, G.; Schmidt, D.: Dynamische Fabrikplanung. In: ZwF, 87, (1992), Nr. 6, S. 298-303.

/BURG92/    Burger, C.: Produktionsregelung mit entscheidungsunterstützenden Informationssystemen. Dissertation, Technische Universität München, 1992.

/CHMI85/    Chmielnicki, S.: Flexible Fertigungssysteme - Simulation der Prozesse als Hilfsmittel zur Planung und zum Test von Steuerprogrammen. Dissertation, Universität Stuttgart, 1985.

/COX86/    Cox, B.: Objekt-Oriented Programming. Addison-Wesley Publishing Company, Massachusetts, 1986.

/DANG91/    Dangelmaier, W.; Becker, B.-D.; Kämpf, R.: Die Steuerung der Materialfluß-Systeme - Zusammenfassung von Simulationskonzepten zur Softwareerstellung. In: wt, 81, (1991), Nr. 12, S. 695-698.

/DANG92/    Dangelmaier, W.: Visionen einer datengetriebenen Fabrik. In: wt, 82, (1992), Nr. 2, S. 44-46.

/DEMI87/    DeMillo R.A.; McCracken, W.M.; Martin, R.J.; Passafiume, J.F.: Software Testing and Evaluation. The Benjamin/Cummings Publishing Company, Inc., Menlo Park, California, 1987.

/DIEK90/    Diekmann K.: Simulation zur Prozeßüberwachung. In: Simulation in der Regelungstechnik (Hrsg. Fasol, K.H.; Diekmann, K.). Springer, Berlin, 1990, S. 105-124.

/DILL91/    Dilling, U.: Planung von Fertigungssystemen unterstützt durch Wirtschaftlichkeitssimulation. Dissertationsmanuskript, iwb, 1991.

/DIN66262/    Deutscher Normenausschuß e.V.: Informationsverarbeitung - Programmkonstrukte zur Bildung von Programmen mit abgeschlossenen Zweigen. Beuth, Berlin, 1985.

/EVER89/    Eversheim, W.; Schuh, G.; Thome H. G.: Verbesserung der Wettbewerbsfähigkeit durch simulationsgestütze Planung. In: VDI-Z, 131, (1989), Nr. 12, S. 68-72.

/EVER92/    Eversheim, W.; Müller, U.E.; Skudelny, C.: Wirtschaftlicher Einsatz der Simulation zur Fabrikplanung. In: pa Produktionsautomatisierung, 1, (1992), Nr. 2, S. 13-16.

/FELD90/    Feldmann, K.; Abels, S.; Thim, C.: Simulation komplexer Montagesysteme. In: Fortschritte in der Simulationstechnik, ASIM Tagungsbericht 1990 (Hrsg. Breitenecker F.; Troch, J.; Kopacek, P.). Vieweg, Braunschweig, 1990, S. 430-434.

/FELD90/    Feldmann, K.: Rechnergestützte Simulation und Diagnose: Verfügbarkeit von Montageanlagen steigt. In: Schweizer Maschinenmarkt, (1990), Nr. 33, S. 36-39.

/FELD92/    Feldmann, K.; Abels, S.; Liedl, G.: Simulation of Control Strategies for Transport Systems. In: Proceedings of the 1992 European Simulation Symposium 5.-8. November 1992 Dresden (Hrsg. Krug, W.; Lehmann, A.). San Diego/USA, 1992, S. 426-430.

/FISC88/    Fischer, J.: Die statistische Auswertung von Simulationsdaten. In: Simulation in der Fertigungstechnik (Hrsg. Feldmann, K.; Schmidt, B.). Springer, Berlin, 1988, S. 391-412.

/GLAS80/    Glass, R.L.: Real-Time: The "Lost World" of Software Debugging and Testing. In: Communication of the ACM, Vol.23(5), Mai 1980, S. 264-271.

/GRAB89/    Grabowski, H.; Anderl, R.; Schilli, B.; Schmitt, M.: STEP - Entwicklung einer Schnittstelle zum Produktdatenaustausch. In: VDI-Z, 131, (1989), Nr. 9, S. 68-76.

/GROH88/    Groha, G.: Universelles Zellenrechnerkonzept für flexible Fertigungssysteme. Dissertation, Technische Universität München, 1988.

/HÄNS88/    Hänscheid, P.: Wissensverarbeitung schafft Vorsprung. Symbolics GmbH Eschborn/Ts., 1988.

/HARD88/    Hardeck, W.: Wissensbasierte Simulation fertigungstechnischer Abläufe. In: Simulationstechnik (Hrsg. Ameling, W.). Springer, Berlin, 1988, S. 129-134.

/HARM89/    Harmon, P.; King, D.: Expertensysteme in der Praxis. R. Oldenbourg, München, 1989.

/HART91/    Hartberger, H.: Wissensbasierte Simulation komplexer Produktionssysteme. Dissertation, Technische Universität München, 1991.

/HEIN88/    Heinz, A.: Optimierte objektorientierte Simulation durch simulierte Objektorientiertheit. In: Simulationstechnik (Hrsg. Ameling, W.). Springer, Berlin, 1988, S. 42-49.

/HEIN91/     Heinzel, R.: Testumgebungen für Fertigungssteuerungssysteme. In: Simulation und Verstehen, ASIM-Tagungsbericht 1991. gfmt, München, 1991, S. 122-136.

/HERD90/     Herden W. et al.: Wissensbasierte Systeme - Zusammenstellung und Beschreibung wichtiger Begriffe, Terminologiepapier der GMA (VDI/VDE-Gesellschaft Meß- und Automatisierungstechnik). In: Automatisierungstechnische Praxis atp, 32, (1990), Nr. 2, atp-Supplement.

/HUBE91/     Huber, B.; Womann, W.: Wissensbasierte Unterstützung in der Produktionssteuerung. In: ist - Intelligente Software Technologien, 1991, Nr. 3, S. 52-57.

/HO83/     Ho, Y.C., Cassandras, C.: A new Approach to the Analysis of Discrete Event Dynamic Systems. In: Automatica, Vol. 19, (1983), Nr. 2, S. 149-167.

/HOFF89/     Hoffmann, T.; Klose, H.-G.; Martin, H.: Handbuch zur software-ergonomischen Gestaltung von Bildschirmmasken. VDI-Verlag, Düsseldorf, 1989.

/ITTE89/     Itter, F.: Einsatz von Petrinetzen zur Beschreibung von Fertigungssystemen. In: ZwF, 84, (1989), Nr. 4, S. 206-210.

/JAEG90/     Jäger, A.: Systematische Planung komplexer Produktionssysteme. Dissertation, Technische Universität München, 1990.

/KAIS92/     Kaiser, J.: Eine neue Generation von CAD/CAM-Systemen. In: wt, 82, (1992), Nr. 4, S. 38-40.

/KETT84/     Kettner, H.; Schmidt, J.; Greim, H-R.: Leitfaden der systematischen Fabrikplanung. Hanser, München, 1984.

/KLAH81/     Klahr, P.; Fought, W.: Knowledge based simulation. In: Proceedings AAAI Conf., 1981, S. 181-183.

/KLEI86/     Kleijnen J.P.C.: Statistical Tools for Simulation Practitioners. Marcel Dekker, Inc., New York, 1986.

/KOHE90/     Kohen, E.: Informationsverarbeitung in FFS. VDI-Verlag, Düsseldorf, 1990.

/KUHN87/     Kuhn, A.: Stand der Simulation in der Fertigungstechnik und Entwicklungstendenzen. In: Simulationstechnik 4. Symposium Simulationstechnik Zürich (Hrsg. Halin, J.). Springer, Berlin, 1987, S. 2-27.

/KUHN91/     Kuhn, A.: Planungs- und Prozeßmodelle für die Logistik. In: Tagungsbericht - Modellbasiertes Planen und Steuern reaktionsschneller Produktionssysteme (Hrsg. H.-P. Wiendahl). gfmt, München, 1991, S. 407-424.

/LENS91/     Lenschow, R.: Rechnerintegrierte Erstellung und Verifikation von Steuerungsprogrammen als Komponente einer durchgängigen Planungsmethodik. Dissertation, Universität Karlsruhe (TH), 1991.

/LIND70/     Lindemann, P.: Unternehmensführung und Wirtschaftskybernetik. Luchterhand, Neuwied Berlin, 1970.

/MIKS91/     Miksch, R.: FEM - Ein effektives Werkzeug zur Montageplanung. In: Die neue Fabrik, Sonderpublikation, mi-Verlag, Landsberg, 1991.

/MILB87/     Milberg, J.; Lutz, P.: Wissensverarbeitung - eine Herausforderung für die Produktionstechnik. In: Expertensysteme in der Produktion (Hrsg. Wildemann, H.). gmft, München, 1987, S. 176-201.

/MILB89/     Milberg, J.; Tauber, A.: Simulation, ein Hilfsmittel zur Integration der betrieblichen Funktionsbereiche. In: Simulation und Integration, ASIM-Tagungsbericht 1989. gfmt, München, 1989, S. 10-28.

/MILB91-1/     Milberg, J.: Wettbewerbsfaktor Zeit in Produktionsunternehmen. In: Tagungsband Münchener Kolloquium 91. Springer, Berlin, 1992, S. 13-31.

/MILB91-2/     Milberg, J.; Burger, C.: Simulation als Hilfsmittel für die Produktionsplanung und -steuerung. In: ZwF, 86, (1991), Nr. 2, S. 76-79.

/MILB91-3/     Milberg, J.; Burger, C.: Produktionsregelung als Erweiterung der Produktionsplanung und -steuerung. In: CIM-Management, 1991, Nr. 2, S. 60-64.

/MILB91-4/     Milberg, J.; Amann, W.; Zetlmayer, H.: Wissensbasierte Simulation und Regelung von Produktionssystemen. In: CIM-Management, 1991, Nr. 6, S. 4-9.

/MILB92/     Milberg, J.; Amann, W.; Raith, P.: Beschleunigte Inbetriebnahme von Produktionsanlagen durch getestete Ablaufvorschriften. In: VDI-Z, 134, (1992), Nr. 2, S. 32-37.

/MINS65/     Minsky, M.: Models, Minds, Machines. In: Proc. IFIPS Conf. AFIPS Press, Montvale, NJ., 1965, S. 45-49.

/N.N./     VDI 3633 Anwendungen der Simulationstechnik zur Materialflußplanung. VDI-Verlag, Düsseldorf, 1983.

/NOCH91/     Noche, B.; Wenzel, S.: Marktspiegel Simulationstechnik in Produktion und Logistik. Verlag TÜV Rheinland, Köln, 1991.

/ORTM91/     Ortmann, L.; Pritsker, A. Alan B.; Schmidt-Weinmar, G.: Management der Liegezeiten durch zeitdynamische Simulation. In: CIM-Management, 1991, Nr. 6, S. 15-22.

/PATZ82/     Patzak, G: Systemtechnik - Planung innovativer Systeme. Springer, Berlin, 1982.

/PFRA90/    Pfrang, W.: Rechnergestützte und graphische Planung manueller und teilautomatisierter Arbeitsplätze. Dissertation, Technische Universität München, 1990.

/PLAP91/    Plap, C.: Detaillierte Kapazitätsplanung und Reihenfolgeoptimierung unterstützen die Fertigungssteuerung. ZwF, 86, (1991), Nr. 11, S. 542-545.

/REIN91/    Reinhardt, A.: Werkzeug und Wissen - eine Brücke zwischen Simulations- und Planungsexperten. In: Simulation und Verstehen, ASIM-Tagungsbericht 1991. gfmt, München, 1991, S. 179-195.

/REIN92/    Reinhardt, A.: Simulationswerkzeuge im Unternehmen. In: Simulation von Systemen in Logistik, Materialfluss und Produktion. VDI-Verlag, Düsseldorf, 1992, S. 1-17.

/RAIT92/    Raith, P.; Amann, W.: Erstellen und Testen von Ablaufvorschriften für Produktionssysteme. In: ZwF, 87, (1992), Nr. 7, S. 383-386.

/REFA85/    N.N: REFA: Methodenlehre der Planung und Steuerung Band 1: Grundbegriffe. Hanser, München, 1985.

/REFA87/    N.N.: REFA: Methodenlehre der Betriebsorganisation - Planung und Gestaltung komplexer Produktionssysteme. Hanser, München, 1987.

/ROPO75/    Ropohl, G.: Systemtechnik - Grundlagen und Anwendungen. Hanser, München, 1975.

/SCHA90/    Scharf, P.; Spies, W.: Fabriksimulation - Ergebnisse einer Befragung von Anwendern. In: VDI-Z, 132, (1990), Nr. 11, S. 62-65.

/SCHM87/    Schmidt, R.: Einsatzmöglichkeiten der Simulation in der Werkstattsteuerung. In: Simulationstechnik 4. Symposium Simulationstechnik Zürich (Hrsg. Halin, J.). Springer, Berlin, 1987, S. 520-538.

/SCHM88/    Schmidt, B.: Simulation von Produktionssystemen. In: : Simulation in der Fertigungstechnik (Hrsg. Feldmann, K.; Schmidt, B.). Springer, Berlin, 1988, S. 1-45.

/SCHM91/    Schmidt, J.; Schelberg, H-J.: Objektorientierte Projektierung von Steuerungssoftware. In: VDI-Z, 133, (1991), Nr. 12, S. 60-65.

/SCHM92/    Schmidt, M.: Konzeption und Einsatzplanung flexibel automatisierter Montagesysteme. Dissertation, Technische Universität München, 1991.

/SCHO91/    Schöpf, M.: Der Rohstoff heißt Information. In: Die neue Fabrik, mi-Verlag, Landsberg, Sonderpublikation 1991, S. 32-34.

/SCHR91/    Schrüfer, N.: Rüstzeitreduzierung durch 3D-NC-Simulation. Dissertation, Technische Universität München, 1990.

| | |
|---|---|
| /SHIR88/ | Shires, N.: On-line simulation and monitoring for real-time decision support in manufacturing. In: Proceedings: Simulation in Manufacturing 2,3 November 1988 London UK (Hrsg. Dr. J. Browne, Prof. K. Rathmill). IFS Publications/Springer, Berlin, 1988, S. 117-126. |
| /SPRI92/ | Springer, G.: Simulationsgestütze Mitarbeiterausbildung am Beispiel der Fertigungssteuerung. Dissertation, Universität Hannover, 1992. |
| /SPUR90/ | Spur, G.; Mertins, K.; Wieneke-Toutaoui, B.; Rabe, M.: Modellierung von Informations- und Materialflüssen für die Auslegungsplanung. In: ZwF, 85, (1990), Nr. 1, S. 8-13. |
| /STEE84/ | Steele, G.L.jun.: Common Lisp - The Language. Digital Press, Pittsburgh, Pennsylvania, 1984. |
| /STEL87/ | Stelzner M.; Dynis, J.; Cummins, J.: "The SimKit System: Knowledge-Based Simulation and Modeling Tools in KEE". IntelliCorp, El Camino Real West, 1987. |
| /STOL91/ | Stolp, W.: Flexible Fertigungssysteme wissensbasiert simulieren und konfigurieren. In: ZwF, 86, (1991), Nr. 8, S. 401-405. |
| /STOR85/ | Storr, A.; Mayer, J.: Zeitdiskrete Simulation verketteter Fertigungssysteme. In: : Simulationstechnik in der Fertigung (Hrsg. Pritschow, G.; Spur, G.; Weck, M.). Hanser, München, 1985, S. 143-158. |
| /STOR88/ | Storr, A.; Brantner, K.: Simulation in der Entwicklung von Steuerungssoftware - Vorraussetzung bei der Leittechnik von Fertigungssystemen. In: Simulationstechnik und Fabrikbetrieb, ASIM-Tagungsbericht 1988. gfmt, München, 1988, S. 351-361. |
| /TAUB88/ | Tauber, A.; Schuster, G.: Robotersimulation - eine CIM-Komponente. In: CAE-Journal, 1988, Nr. 4, S. 30-39. |
| /THIM91/ | Thim, Ch.: Rechnerunterstützte Optimierung von Matreialflußstrukturen in der Elektronikmontage durch Simulation. Dissertation, Technische Fakultät der FAU Erlangen-Nürnberg, 1991. |
| /UNGE88/ | Unger, B.; Jefferson, D.: Distributed Simulation. Simulation Councils Inc., San Diego - California, 1988. |
| /VAND90/ | Vanderbok, R.S.; Sauter, A.J.: A Case Study: Integrated Methods and Tools for Optimization. Autofact '90 - Conference Proceedings, Dearborn, Michigan, 1990. |
| /WECK91/ | Weck, M.: Simulation in CIM. Springer, Verlag TÜV Rheinland, Berlin, 1991. |
| /WEND92/ | Wendt, A.: Qualitätssicherung in flexibel automatisierten Montagesystemen, Dissertationsmanuskript, iwb, 1992. |
| /WIEN87/ | Wieneke-Toutaoui, B.: Rechnerunterstütztes Planungssystem zur Auslegung von Fertigungsanlagen. Hanser, München, 1987. |

/WIEN90/    Wiendahl, H.-P.: Simulationsmodelle in der Produktionsplanung und -steuerung. In: ZwF, 85, (1990), Nr. 3, S. 137-141.

/WRBA90/    Wrba, P.: Simulation als Werkzeug in der Handhabungstechnik. Dissertation, Technische Universität München, 1990.

/ZEIG85/    Zeigler, B.P.: Theory of Modelling and Simulation. R.E. Krieger Publishing Company, Malabar, 1985.

/ZEIG84/    Zeigler, B.P.: Multifacetted Modelling and Discrete Event Simulation. Academic Press, London, 1984.

/ZELL91/    Zell, M; Scheer, A-W.: Informationsmanagement von Simulationen in der Fertigungssteuerung. In: CIM-Management, 1991, Nr. 6, S. 37-43.

/ZUSE80/    Zuse, K.: Petri-Netze aus der Sicht des Ingenieurs. Friedr. Vieweg&Sohn, Braunschweig, 1980.

# iwb Forschungsberichte

Berichte aus dem Institut für Werkzeugmaschinen und Betriebswissenschaften der Technischen Universität München

Herausgeber: Prof. Dr.-Ing. J. Milberg

---


1  **Streifinger, E.**
Beitrag zur Sicherung der Zuverlässigkeit und Verfügbarkeit
moderner Fertigungsmittel
1986. 72 Abb. 167 Seiten, ISBN 3-540-16391-3          68,- DM

2  **Fuchsberger, A.**
Untersuchung der spanenden Bearbeitung von Knochen
1986. 90 Abb. 175 Seiten, ISBN 3-540-16392-1          68,- DM

3  **Maier, C.**
Montageautomatisierung am Beispiel des Schraubens mit
Industrierobotern
1986. 77 Abb. 144 Seiten, ISBN 3-540-16393-X          68,- DM

4  **Summer, H.**
Modell zur Berechnung verzweigter Antriebsstrukturen
1986. 74 Abb. 197 Seiten, ISBN 3-540-16394-8          68,- DM

5  **Simon, W.**
Elektrische Vorschubantriebe an NC-Systemen
1986. 141 Abb. 198 Seiten, ISBN 3-540-16693-9          68,- DM

6  **Büchs, S.**
Analytische Untersuchungen zur Technologie der Kugelbearbeitung
1986. 74 Abb. 173 Seiten, ISBN 3-540-16694-7          68,- DM

7  **Hunzinger, I.**
Schneiderodierte Oberflächen
1986. 79 Abb. 162 Seiten, ISBN 3-540-16695-5          68,- DM

8  **Pilland, U.**
Echtzeit-Kollisionsschutz an NC-Drehmaschinen
1986. 54 Abb. 127 Seiten, ISBN 3-540-17274-2          68,- DM

9  **Barthelmeß, P.**
Montagegerechtes Konstruieren durch die Integration
von Produkt- und Montageprozeßgestaltung
1987. 70 Abb. 144 Seiten, ISBN 3-540-18120-2          68,- DM

10 **Reithofer, N.**
Nutzungssicherung von flexibel automatisierten Produktionsanlagen
1987. 84 Abb. 176 Seiten, ISBN 3-540-18440-6          68,- DM

11 **Diess, H.**
Rechnerunterstützte Entwicklung flexibel automatisierter
Montageprozesse
1988. 56 Abb. 144 Seiten, ISBN 3-540-18799-5          73,- DM

**12 Reinhart, G.**
Flexible Automatisierung der Konstruktion
und Fertigung elektrischer Leitungssätze
1988, 112 Abb. 197 Seiten, ISBN 3-540-19003-1      73,- DM

**13 Bürstner, H.**
Investitionsentscheidung in der rechnerintegrierten Produktion
1988, 77Abb. 190 Seiten, ISBN 3-540-19099-6      73,- DM

**14 Groha, A.**
Universelles Zellenrechnerkonzept für flexible Fertigungssysteme
1988, 74 Abb. 153 Seiten, ISBN 3-540-19182-8      73,- DM

**15 Riese, K.**
Klipsmontage mit Industrierobotern
1988, 92 Abb. 150 Seiten, ISBN 3-540-19183-6      73,- DM

**16 Lutz, P.**
Leitsysteme für rechnerintegrierte Auftragsabwicklung
1988, 44 Abb. 144 Seiten, ISBN 3-540-19260-3      73,- DM

**17 Klippel, C.**
Mobiler Roboter im Materialfluß eines flexiblen Fertigungssystems
1988, 86 Abb. 164 Seiten, ISBN 3-540-50468-0      73,- DM

**18 Rascher, R.**
Experimentelle Untersuchungen zur Technologie der Kugelherstellung
1989, 110 Abb. 200 Seiten, ISBN 3-540-51301-9      73,- DM

**19 Heusler, H.-J.**
Rechnerunterstützte Planung flexibler Montagesysteme
1989, 43 Abb. 154 Seiten, ISBN 3-540-51723-5      73,- DM

**20 Kirchknopf, P.**
Ermittlung modaler Parameter aus Übertragungsfrequenzgängen
1989, 57 Abb. 157 Seiten, ISBN 3-540-51724      73,- DM

**21 Sauerer, Ch.**
Beitrag für ein Zerspanprozeßmodell Metallbandsägen
1990, 89 Abb. 166 Seiten, ISBN 3-540-51868-1      78,- DM

**22 Karstedt, K.**
Positionsbestimmung von Objekten in der Montage-
und Fertigungsautomatisierung
1990, 92 Abb. 157 Seiten, ISBN 3-540-51879-7      78,- DM

**23 Peiker, St.**
Entwicklung eines integrierten NC-Planungssystems
1990, 66 Abb. 180 Seiten, ISBN 3-540-51880-0      78,- DM

**24 Schugmann, R.**
Nachgiebige Werkzeugaufhängungen für die automatische Montage
1990. 71 Abb. 155 Seiren, ISBN 3-540-52138-0      78,- DM

25  Wrba, P
Simulation als Werkzeug in der Handhabungstechnik
1990, 125 Abb., 178 Seiten, ISBN 3-540-52231-X                          78,- DM

26  Eibelshäuser, P.
Rechnerunterstützte  experimentelle Modalanalyse
mitells gestufter Sinusanregung
1990, 79 Abb., 156 Seiten, ISBN 3-540-52451-7                           78,- DM

27  Prasch, J.
Computerunterstützte Planung von chirurgischen Eingriffen
in der Orthopädie
1990, 113 Abb., 164 Seiten, ISBN 3-540-52543-2                          78,- DM

28  Teich, K.
Prozeßkommunikation und Rechnerverbund in der Produktion
1990, 52 Abb., 158 Seiten, ISBN 3-540-52764-8                           78,- DM

29  Pfrang, W.
Rechnergestützte und graphische Planung manueller
und teilautomatisierter Arbeitsplätze
1990, 59 Abb., 153 Seiten, ISBN 3-540-52829-6                           78,- DM

30  Tauber, A.
Modellbildung kinematischer Stukturen
als Komponente der Montageplanung
1990, 93 Abb., 190 Seiten, ISBN 3-540-52911-X                           78,- DM

31  Jäger, A.
Systematische Planung komplexer Produktionssysteme
1991, 75 Abb., 148 Seiten, ISBN 3-540-53021-5                           78,- DM

32  Hartberger, H.
Wissensbasierte Simulation komplexer Produktionssysteme
1991, 58 Abb., 154 Seiten, ISBN 3-540-53326-5                           78,- DM

33  Tuczek H.
Inspektion von Karosseriepreßteilen auf Risse und Einschnürungen
mittels Methoden der Bildverarbeitung
1992, 125 Abb., 179 Seiten, ISBN 3-540-53965-4                          88,- DM

34  Fischbacher, J.
Planungsstrategien zur strömungstechnischen Optimierung
von Reinraum-Fertigungsgeräten
1991, 60 Abb., 166 Seiten, ISBN 3-540-54027-X                           78,- DM

35  Moser, O.
3D-Echtzeitkollisionsschutz für Drehmaschinen
1991, 66 Abb., 177 Seiten, ISBN 3-540-54076-8                           78,- DM

36  Naber, H.
Aufbau und Einsatz eines mobilen Roboters mit
unabhängiger Lokomotions- und Manipulationskomponente
1991, 85 Abb., 139 Seiten, ISBN 3-540-54216-7                           78,- DM

37  Kupec, Th.
Wissensbasiertes Leitsystem zur Steuerung flexibler Fertigungsanlagen
1991, 68 Abb., 150 Seiten, ISBN 3-540-54260-4                           78,- DM

38  Maulhardt, U.
Dynamisches Verhalten von Kreissägen
1991, 109 Abb., 159 Seiten, ISBN 3-540-54365-1                    78,– DM

39  Götz, R.
Stukturierte Planung flexibel automatisierter Montagesysteme
für flächige Bauteile
1991, 86 Abb., 201 Seiten, ISBN 3-540-54401-1                     78,– DM

40  Koepfer, Th.
3D- grafisch-interaktive Arbeitsplanung – ein Ansatz
zur Aufhebung der Arbeitsteilung
1991, 74 Abb., 126 Seiten, ISBN 3-540-54436-4                     78,– DM

41  Schmidt, M.
Konzeption und Einsatzplanung flexibel automatisierter
Montagesysteme
1992, 108 Abb., 168 Seiten, ISBN 3-540-55025-9                    88,– DM

42  Burger, C.
Produktionsregelung mit entscheidungsunterstützenden
Informationssystemen
1992, 94 Abb., 186 Seiten, ISBN 5-540- 55187-5                    88,– DM

43  Hoßmann, J.
Methodik zur Planung der automatischen Montage von nicht
formstabilen Bauteilen
1992, 73 Abb., 168 Seiten, ISBN 3-540-5520-0                      88,– DM

44  Petry, M.
Systematik zur Entwicklung eines modularen Programm-
baukastens für robotergeführte Klebeprozesse
1992, 106 Abb., 139 Seiten ISBN 3-540-55374-6                     88,– DM

45  Schönecker, W.
Integrierte Diagnose in Produktionszellen
1992, 87 Abb., 159 Seiten, ISBN 3-540-55375-4                     88,– DM

46  Bick, W.
Systematische Planung hybrider Montagesyste unter
Berücksichtigung der Ermittlung des optimalen Automatisierungsgrades
1992, 70 Abb., 156 Seiten  ISBN 3-540-55377-0                     88,– DM

47  Gebauer, L.
Prozeßuntersuchungen zur automatisierten Montage
von optischen Linsen
1992, 84 Abb., 150 Seiten, ISBN 3-540- 55378-9                    88,– DM

48  Schrüfer, N.
Erstellung eines 3D–Simulationssystems zur Reduzierung
von Rüstzeiten bei der NC–Bearbeitung
1992, 103 Abb., 161 Seiten, ISBN 3-540-55431-9                    88,– DM

49  Wisbacher, J.
Methoden zur rationellen Automatisierung der Montage
von Schnellbefestigungselementen
1992, 77 Abb., 176 Seiten, ISBN 3-540-55512-9                     88,– DM

50  Garnich. F.
Laserbearbeitung mit Robotern
1992, 110 Abb., 184 Seiten, ISBN 3-540- 55513-7                   88,– DM

51  Eubert, P.
Digitale Zustandsregelung elektrischer Vorschubantriebe
1992, 89 Abb., 159 Seiten, ISBN 3-540-44441-2                     88,– DM

52  Glaas, W.
Rechnerintegrierte Kabelsatzfertigung
1992, 67 Abb., 140 Seiten, ISBN 3-540-55749-0                     88,– DM

53  Helml, H.J.
Ein Verfahren zur on-line Fehlererkennung und Diagnose
1992, 60 Abb., 153 Seiten, ISBN 3-540-55750-4                     88,– DM

54  Lang, Ch.
Wissensbasierte Unterstützung der Verfügbarkeitsplanung
1992, 75 Abb., 150 Seiten, ISBN 3-540-55751-2                     88,– DM

55  Schuster, G.
Rechnergestütztes Planungssystem für die flexibel
automatisierte Montage
1992, 67 Abb., 135 Seiten, ISBN 3-540-55830-6                     88,– DM

56  Bomm, H.
Ein Ziel- und Kennzahlensystem zum Investitionscontrolling
komplexer Produktionssysteme
1992, 87 Abb., 195 Seiten, ISBN 3-540-55964-7                     88,– DM

57  Wendt, A.
Qualitätssicherung in flexibel automatisierten Montagesystemen
1992, 74 Abb., 179 Seiten, ISBN 3-540-56044-0                     88,– DM

58  Hansmaier, H.
Rechnergestütztes Verfahren zur Geräuschminderung
1993, 67 Abb., 156 Seiten, ISBN 3-540-56043-2                     88,– DM

59  Dilling, U.
Planung von Fertigungssystemen unterstützt
durch Wirtschaftlichkeitssimulation
1993, 72 Abb., 146 Seiten, ISBN 3-540-56307-5                     88,– DM

60  Strohmayr, R.
Rechnergestützte Auswahl und Konfiguration
von Zubringeeinrichtungen
1993, 80 Abb., 152 Seiten, ISBN 3-540-56652-X                     88,– DM

61  Glas, J.
Standardisierter Aufbau anwendungsspezifischer
Zellenrechnersoftware
1993, 80 Abb., 145 Seiten, ISBN 3-540-56890-5                     88,– DM

62  Stetter, R.
Rechnergestützte Simulationswerkzeuge zur
Effizienzsteigerung des Industrierobotereinsatzes
1994, 91 Abb., 146 Seiten, ISBN 3-540-568891                      88,– DM

63  Dirndorfer, A.
Robotersysteme zur förderbandsynchronen Montage
1993, 76 Abb, 144 Seiten, ISBN 3-540-57031-4                      88,– DM

64  Wiedemann, M.
Simulation des Schwingungsverhaltens spanender Werkzeugmaschinen
1993, 81 Abb., 137 Seiten, ISBN 3-540-57177-9                     88,– DM

65  Woenckhaus, Ch.
Rechnergestütztes System zur automatisierten 3D-Layoutoptimierung
1994, 81 Abb., 140 Seiten,ISBN 3540-57284-8                          88,– DM

66  Kummetsteiner, G.
3D-Bewegungssimulation als integratives Hilfsmittel zur Planung
manueller Montagesysteme
1994, 62 Abb.; 146 Seiten, ISBN 3-540-57535-9                        88,– DM

67  Kugelmann, F.
Einsatz nachgiebiger Elemente zur wirtschaftlichen Automatisierung
von Produktionssystemen
1993, 76 Abb., 144 Seiten, ISBN 3-540-57549-9                        88,– DM

68  Schwarz, H.
Simulationsgestützte CAD/CAM-Kopplung für die 3D-Laserbearbeitung
mit integrierter Sensorik
1994, 96 Abb., 148 Seiten, ISBN 3-540-57577-4                        88,– DM

69  Viethen, U.
Systematik zum Prüfen in Flexiblen Fertigungssystemen
1994, 70 Abb., 142 Seiten, ISBN 3-540-57794-7                        88,– DM

70  Seehuber, M.
Automatische Inbetriebnahme geschwindigkeitsadaptiver Zustandsregler
1994, 72 Abb., 155 Seiten, ISBN 3-540-57896-X                        88,– DM

71  Amann, W.
Eine Simulationsumgebung für Planung und Betrieb
von Produktionssystemen
1994, 71 Abb., 129 Seiten, ISBN 3-540-57924-9                        88,– DM

Die Bände sind im Erscheinungsjahr und in den Folgenden drei Kalenderjahren
zu beziehen durch den örtlichen Buchhandel
oder durch Lange & Springer, Otte-Suhr-Allee 26-28, 10585 Berlin